CHRISTOPH MATZL & CHRISTOPH BUDIN

Schlagzeilen
die Österreich bewegten
1990–1999

Ueberreuter

Buch und Redaktion: Christoph Matzl & Christoph Budin

Layout: Hermann Müller (Ltg.), Herbert Kocab, Christian Wawra

Archiv: Martin Kriegel

Register: Margit Bandera

Bildbearbeitung: Gerhard Mischling (Ltg.), Ing. Helmut Eisinger,
Werner Engelmeier, Richard Holzeis, Christian Krapfenbauer, Elisabeth Polly,
Matthias Pospischil, Carola Rakowitz, Rudolf Rosen

Das säurefreie und alterungsbeständige Papier EOS liefert Salzer,
St. Pölten (hergestellt aus chlorfrei gebleichtem Zellstoff aus
nachhaltiger Forstwirtschaft).

ISBN 978-3-8000-7576-8
Alle Rechte vorbehalten. Das Werk darf – auch teilweise – nur mit
Genehmigung des Verlages wiedergegeben werden.
Covergestaltung: Hermann Müller & Gerhard Mischling
Copyright © 2013 by Verlag Carl Ueberreuter, Wien
Druck und Bindung: Druckerei Theiss, St. Stefan im Lavanttal
5 4 3 2 1   16 15 14 13

Ueberreuter im Internet: www.ueberreuter.at

Vorwort

1990–1999
Saddam, Cindy, Fuchs & Falco

Mit der Erinnerung an zwei journalistische „Termine", wie sie unterschiedlicher nicht sein konnten und so die ganze Bandbreite meines Berufs widerspiegeln, möchte ich dieses Editorial beginnen.

Da war mal mein „Rendezvous" mit dem paranoiden Massenmörder Saddam Hussein in Bagdad, wo unser damals international „geächteter" Bundespräsident Kurt Waldheim mit viel Geschick und großem persönlichem Mut im August 1990 dem irakischen Diktator jene 96 Österreicher „abschwatzte", die dieser als Geiseln und lebende Schutzschilder für den drohenden Golfkrieg in seiner Gewalt hatte.

Die Begegnung mit Saddam in einem seiner Paläste wie aus Tausendundeiner Nacht an den Ufern des Euphrat (mit den teuersten Havanna-Zigarren zur freien Entnahme aus vergoldeten Schalen auf marmornen Tischchen) werde ich nie vergessen. Zumal der Iraker, ein begnadeter Schauspieler und Bluffer, an Waldheims Seite sich harmlos wie ein Lamperl gab, dieses bösartige Krokodil im Schafspelz, das fünf Monate später mit dem skrupellosen Abfackeln der kuwaitischen Ölfelder die Wüste in ein flammendes Inferno verwandelte (aus dem ich dann ebenfalls berichtete).

Und da war im Frühling 1996 mein Tänzchen mit US-Mega-Model Cindy Crawford in der Mailänder Nobelvilla eines Aristokraten, wo Cindy für einen Schweizer Chronometer die Werbetrommel rührte und mir in meinen Armen verriet, dass sie Wolfgang Amadeus Mozart „really famous and wonderful" fände.

Tja, liebe Jahrzehntebuch-Leser, und nun fragen Sie sich zu Recht, wie ich es von Saddam zu Cindy geschafft habe, wie aus dem Hardcore-Reporter Jeannée der Society-Softie „Adabei" wurde.

Nun, das ist relativ rasch und schmerzlos erklärt: Da gab es 1993 nach der Pensionierung von Alt-„Adabei" Roman Schliesser ein Angebot meines seligen Herausgebers und Chefredakteurs Hans Dichand, das ich nicht ablehnen konnte. Punktum und aus, wie Herr Dichand zu sagen pflegte.

Mein Gott – was sind mir aufgrund dieses „Punktum und aus" doch für Geschichten durch die Lappen gegangen. Okay, vom Absturz der Lauda-Air-Maschine 1991 über dem thailändischen Dschungel hab' ich noch berichtet. Zum Beispiel, wie ich Niki Lauda zum ersten Mal in meinem Leben weinen sah wie ein Kind. Und im „Balkankrieg vor unserer Haustür" war ich auch noch und erlebte live und in voller Deckung mit, wie die Serben in Radkersburg einen kroatischen Kirchturm in der Mitte entzweischossen.

Aber schon, als sich Jack Unterweger, der Hurenmörder, 1994 kurz nach seiner Verurteilung zu lebenslangem Zuchthaus in seiner Zelle aufknüpfte, bin ich nicht mehr dabei, weil eben schon „Adabei".

Richtig weh aber tat's mir in meinem Reporterherzen, als sie 1997 den schrecklichen Briefbomber Franz Fuchs fassten und ich, statt ins Dorf Gralla zu pirschen, wo man den Zilk-Attentäter dingfest gemacht hatte, mich in Fünfhaus mit „Mörtel" Lugner und seinem damaligen Mausi herumschlagen musste.

Im selben Jahr stirbt mit Lady Di, die „Prinzessin der Herzen", ihren fürchterlichen Autounfalltod, ich aber darf Franz Vranitzky als „Adabei" begleiten, wie er nach der „Hofübergabe" an Viktor Klima einen „entspannten" Spaziergang durch die Grinzinger Weinberge macht.

Nur 1998 durfte „Adabei" Jeannée doch noch einmal an die Front. Und zwar an die karibische in der Dominikanischen Republik, wo Superstar Falco unter mysteriösen Rum- und/oder Koks-Umständen allzu früh verstorben war.

Dies alles, liebe Leser, und noch viel, viel mehr in unserem „Krone"-Jahrzehntebuch über die Jahre 1990 bis 1999, die, als ich die Seiten durchblätterte, mir wie gestern erlebt erschienen. Was für den guten Auswahl-Instinkt meiner Kollegen Christoph Matzl und Christoph Budin spricht, die das Œuvre zu verantworten haben.

Viel Vergnügen!

„Krone"-Kolumnist Michael Jeannée mit den Autoren Budin (li.) und Matzl (re.)

+ SCHLAGZEILEN 1990 + + + SCHLAGZEILEN 1990 + + + SCHLAGZEILEN 1990

Deutschland jubelt über
- **Bundesrepublik nach 41 Jahren Trennung wieder ein Staat**
- **Berliner Mauer & Eiserner Vorhang sind somit Geschichte**
- **Wende bringt lang ersehnte Freiheit für Millionen Menschen**

Am 3. Oktober 1990 ist es offiziell: Unser Nachbarland Deutschland – mehr als vierzig Jahre in die BRD und DDR geteilt – ist wieder ein Staat. Was Ende 1989 spektakulär mit dem Fall der Berliner Mauer und des Eisernen Vorhangs begann, ist nun fassbare Realität: Das politische Weltbild hat sich verändert! Dank Russlands Gorbatschow hat sich der Osten geöffnet.

◀ *Historischer Schnitt auch für Österreich: Außenminister Alois Mock durchtrennt kurz vor dem Mauerfall mit seinem ungarischen Amtskollegen Horn den Eisernen Vorhang bei Klingenbach.*

Offen gesagt ist die Wende in den Oststaaten zum Großteil Michail Gorbatschows mutiger Politik der „Perestroika" (Veränderung und „Glasnost" (Öffnung) zu verdanken. „Die Einheit Deutschlands ist vollendet. Wir sind uns unserer Verantwortung vor Gott und den Menschen bewusst. Wir wollen in einem vereinten Europa dem Frieden der Welt dienen", lautet dann auch das große Versprechen, das Deutschlands Bundespräsident Richard von Weizäcker nach der Unterzeichnung des Vertrags an die Welt abgibt. Gleichsam als Dank an die Siegermächte, die der Wiedervereinigung formal zugestimmt haben. Wobei sich Bonn die Moskauer Zustimmung etwas kosten lässt: Die marode Sowjet-Wirtschaft erhält einen Kredit in der Höhe von 35 Milliarden Schilling.

Ein erster Schritt zur deutschen Wiedervereinigung: die Öffnung der DDR-Ostgrenze vor dem Jahreswechsel 1990.

Eine unübersehbare Menschenmenge bejubelt den historischen Moment auf dem Platz vor dem Reichstagsgebäude. Ab jetzt gilt der 3. Oktober als Nationalfeiertag für mehr als 80 Millionen Deutsche. Viele erinnern sich mit Schrecken an die Zeit, als die gigantische Mauer noch Symbol des „Kalten Krieges" war.

Die 1961 errichtete, vier Meter hohe und 40 Kilometer lange Trennwand zweier

▲ *Letzter Bruderkuss zwischen Gorbatschow und dem ostdeutschen Staatspräsidenten Erich Honecker. Obwohl die DDR noch im Oktober 1989 40-Jahres-Feiern begeht, weiß der Russe bereits jetzt, dass er schon bald der Wiedervereinigung zustimmen wird. Grenzenloser Jubel auf der Mauer vor dem Brandenburger Tor.* ▶

SCHLAGZEILEN 1990 + + + SCHLAGZEILEN 1990 + + + SCHLAGZEILEN 1990 +

große Wiedervereinigung

Bundespräsident von Weizäcker unterzeichnet den Vertrag: Die BRD und die DDR wieder vereint – 80 Millionen Deutsche jubeln!

Jubel: Kanzler Kohl & Frau, Außenminister Genscher (l.), Weizäcker

Krone-Chronik

● Das Wahlrechtsänderungsgesetz wird beschlossen: Österreicher mit Wohnsitz im Ausland und Österreicher, die sich am Wahltag im Ausland befinden, können in Hinkunft ihr Wahlrecht ausüben.

● Der amerikanische Stardirigent, Komponist und Pianist Leonard Bernstein stirbt im Alter von 72 Jahren in New York City.

● Nach dem 0:1-Fußball-Debakel gegen die Färöer-Inseln tritt Teamchef Josef Hickersberger zurück.

● Der steirische Arbeiterkammerpräsident Alois Rechberger muss zurücktreten, als bekannt wird, dass der „Multifunktionär" umgerechnet knapp 20.000 Euro im Monat verdient.

● Auf der Strecke St. Pölten-Wien werden ein Postzug überfallen und ein Postler getötet. Beute: umgerechnet 3,3 Millionen €.

Gesellschaftssysteme, an der mehr als zweihundert Menschen bei ihren Fluchtversuchen aus dem angeblichen „Arbeiterparadies" ums Leben gekommen sind.

Nach friedlichen Massenprotesten musste das DDR-Regime noch vor dem Jahreswechsel 1990 die verhasste Mauer öffnen – das Symbol der Unmenschlichkeit fiel. Als mächtiger „Kanzler der Einheit" geht der Langzeit-Bundeskanzler Helmut Kohl somit in die deutsche Geschichte ein.

„Wir sind Weltmeister." – Auch in sportlicher Hinsicht wird 1990 ein Jubeljahr für Deutschland. Schließlich erringt die Fußballnationalmannschaft in Italien den Weltmeistertitel. Im Finale siegen die von „Kaiser" Franz Beckenbauer trainierten Kicker mit 1:0 gegen Argentinien – und schaffen somit die Revanche fürs Endspiel 1986. Kapitän Lothar Matthäus (Foto re.) strahlt.

+ + + SCHLAGZEILEN 1990 + + + SCHLAGZEILEN 1990

Futuristisch wirkt das gläserne Haas-Haus im Zentrum Wiens, schräg gegenüber vom Stephansdom, auf den ersten Blick. Doch bald schon erobert das moderne, von Architekt Hans Hollein entworfene und erbaute Gebäude die Herzen vieler Österreicher und Touristen.

Bruno Kreisky, politische Lichtgestalt
Der stille Tod des

Wie kaum ein anderer prägt ein Mann die Geschichte der 2. Republik: Bruno Kreisky. Am 19. Juli stirbt der Sozialdemokrat 79-jährig in Wien. Welch großer Staatsmann Kreisky war, zeigt sich bei seinem Begräbnis, zu dem 30.000 Menschen kommen – unter ihnen Deutschlands Ex-Kanzler Willy Brandt oder PLO-Chef Arafat.

Kreisky und „Krone"-Herausgeber Dichand trennt die Atomfrage.

Ministerrat beschließt Assistenzeinsatz des Heeres
Um „Illegale" zu stoppen: Soldaten an Grüner Grenze

Um die steigende Flut größtenteils illegaler Grenzübertritte aus dem Osten einzudämmen, beschließt der Ministerrat am 4. September, 1500 Soldaten im Assistenzeinsatz an die „Grüne Grenze" abzukommandieren.

Österreichs Skikönigin Petra Kronberger (21) schreibt am 9. Dezember mit ihrem grandiosen Sieg im Super-G von Altenmarkt/Zauchensee in Salzburg internationale Sportgeschichte. Denn mit diesem Triumph schafft sie es, als erste alpine Skirennläuferin in allen fünf Disziplinen und noch dazu im selben Jahr zu gewinnen. Überlegen erobert die sympathische Salzburgerin dann nach 1989 auch 1990 wieder den Gesamtweltcup.

Als Polizeiinspektor begeisterte Bayerns Volksschauspieler Walter Sedlmayr (Bd. re.) das Fernsehpublikum. Am 14. Juli wird er Opfer eines Blutverbrechens: Sein eigener Ziehsohn sowie dessen Halbbruder hatten den Mord als Tat im homosexuellen Milieu vorgetäuscht, um Sedlmayr zu beerben. Beide Männer werden verurteilt.

Der Armeekommandant Philipp erteilt selbst den Blitzbefehl, dass sich die Soldaten aus allen Bundesländern Richtung österreichisch-ungarischer Grenze in Marsch zu setzen haben. Die Assistenz der Militärs besteht darin, illegal Einreisende zurückzuweisen, festzunehmen oder in brisanten Fällen die Exekutive via Funk anzufordern. Die Rekruten dürfen nur dann von der Waffe Gebrauch machen, wenn ihr Leben gefährdet ist.

SCHLAGZEILEN 1990 + + + SCHLAGZEILEN + + + SCHLAGZEILEN 1990 +

der 2. Republik, stirbt 79-jährig in Wien
„Sonnenkönigs"

Bereits 1934 war Kreisky Mitglied der Sozialdemokraten und musste deshalb 13 Jahre nach Schweden emigrieren. Nach seiner Rückkehr trat er 1953 der Regierung als Staatssekretär bei – und hatte so auch Anteil an der Entstehung des Staatsvertrags. 1959 wurde er dann Außenminister.

Seine große Stunde bei der Sozialistischen Partei, wie sie seit 1945 heißt, schlägt 1967, als Kreisky den Genossen Bruno Bittermann als SPÖ-Vorsitzender ablöst. Von 1970 bis 1980 regiert er das Land. Als „Sonnenkönig", wie die Österreicher ihn teils liebevoll, ob seiner Dominanz oft aber auch ironisch bis durchaus feindselig nennen.

1978 bröckelt erstmals seine Macht. „Bruno der Große" muss eine empfindliche Niederlage einstecken. All sein politisches Gewicht hatte er in die Inbetriebnahme des bereits fertiggestellten Kernkraftwerkes Zwentendorf geworfen – doch die Bürger entscheiden anders.

Obwohl zu dieser Zeit noch niemand ahnt, dass die Atom-Dramen der Super GAUs von Tschernobyl und Fukushima die Welt erschüttern werden, votieren 50,47 Prozent der Österreicher in der Volksabstimmung gegen das AKW an der Donau. Einmal noch bezwingt Kreisky im Mai 1979 Josef Taus (ÖVP) und fährt mit 51,03 Prozent sogar das beste Ergebnis in der SPÖ-Geschichte ein.

1983, nach dem Verlust der Absoluten, macht er Fred Sinowatz Platz – und zieht sich auf Mallorca und ins Privatleben zurück.

▲ Zwentendorf: In der Atomfrage lag Kreisky politisch falsch. – 30.000 Trauergäste kamen zu seinem Begräbnis. ▼

Mutig: Kreisky trifft Libyens Staatschef Gadafi in Wien.

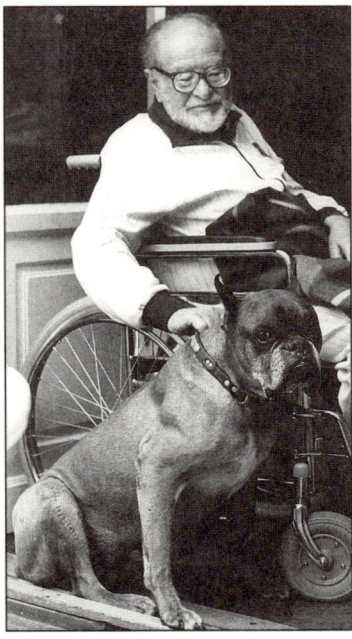

▲ Eines der letzten Fotos zeigt Altkanzler Kreisky mit Hund „Goliath", wenige Wochen vor seinem Tod im Wiener Haus aufgenommen. – Zu Lebzeiten sorgte Kreisky mit Entschlossenheit für Respekt: unter anderem ob seiner Freundschaft ◄ mit PLO-Chef Yassir Arafat.

+ SCHLAGZEILEN 1990 + + + SCHLAGZEILEN 1990 + + + SCHLAGZEILEN 1990

Mutige Mission des Präsidenten ● 96 Österreicher fliegen mit ihm in die Freiheit:
Waldheim holt Geiseln aus Irak

„Politwunder" rund um eine Geiselnahme! In einer spektakulären Aktion schafft Bundespräsident Kurt Waldheim die bedingungslose Freilassung aller nach dem Einmarsch irakischer Truppen in den Kuwait festgehaltenen 96 Österreicher. Er verhandelt persönlich mit Saddam Hussein und bekommt vom Staatspräsidenten als „Gastgeschenk" die Freiheit aller Landsleute.

Mit orientalischen Erpressungsmethoden und Verhandlungstricks wie in einem Bazar hatte Saddam Hussein noch Tage vor Waldheims Mission den Nervenkrieg mit dem Westen verschärft. „Die Zivilcourage von Bundespräsident Waldheim, trotz aller Risiken und Kassandrarufe nach Bagdad zu reisen, machte sich bezahlt", fasst auch das „Krone"-Reporterduo Kurt Seinitz und Michael Jeannée – sie berichteten direkt aus dem Irak von der großen Befreiungsmission – den diplomatischen Erfolg zusammen.

Schon auf dem Flug in die Freiheit ist die Freude unbeschreiblich. Saddam Hussein hatte alle Österreicher ohne Bedingungen ziehen lassen. Pfarrer Dietmar Andexlinger aus Bregenz stimmte glückselig über den Bordlautsprecher „Großer Gott wir loben Dich" an – und alle sangen mit.

Spontane Freudenskundgebungen der überglücklichen Befreiten folgen. Erst nach einer Zwischenlandung im jordanischen Amman, wo die Österreicher in eine AUA-Maschine umstiegen, begriffen etliche der Ex-Geiseln, dass der Albtraum nun tatsächlich zu Ende ist – und sie zurück in die Heimat kehren können.

Grenzenloser Jubel, ja Ovationen folgen dann bei der Ankunft in Schwechat. Waldheims Mission gilt als Meisterstück mutiger Diplomatie.

Dank seiner persönlichen Bekanntschaft mit Hussein schafft Waldheim das „Politwunder". ▶

▲ *Bevor Waldheim die Maschine betritt, sagt er noch: „Wer nichts riskiert, kann auch nichts gewinnen." – Eine Geisel bedankt sich per Handschlag.* ▼

Angehörige, die schon mit dem Schlimmsten gerechnet hatten, empfangen und danken dem mutigen Staatsoberhaupt. ▼

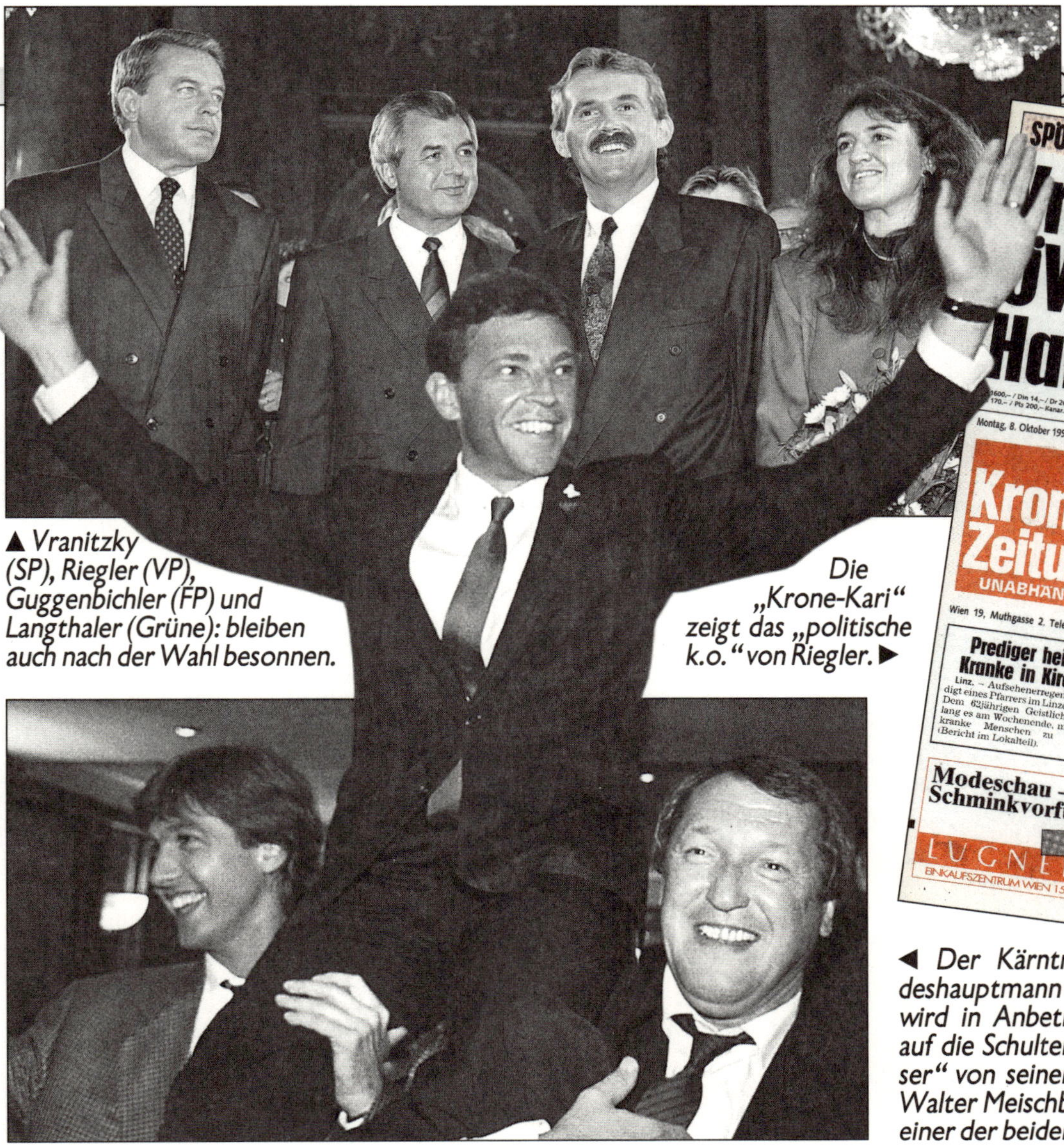

▲ Vranitzky (SP), Riegler (VP), Guggenbichler (FP) und Langthaler (Grüne): bleiben auch nach der Wahl besonnen.

Die „Krone-Kari" zeigt das „politische k.o." von Riegler. ▶

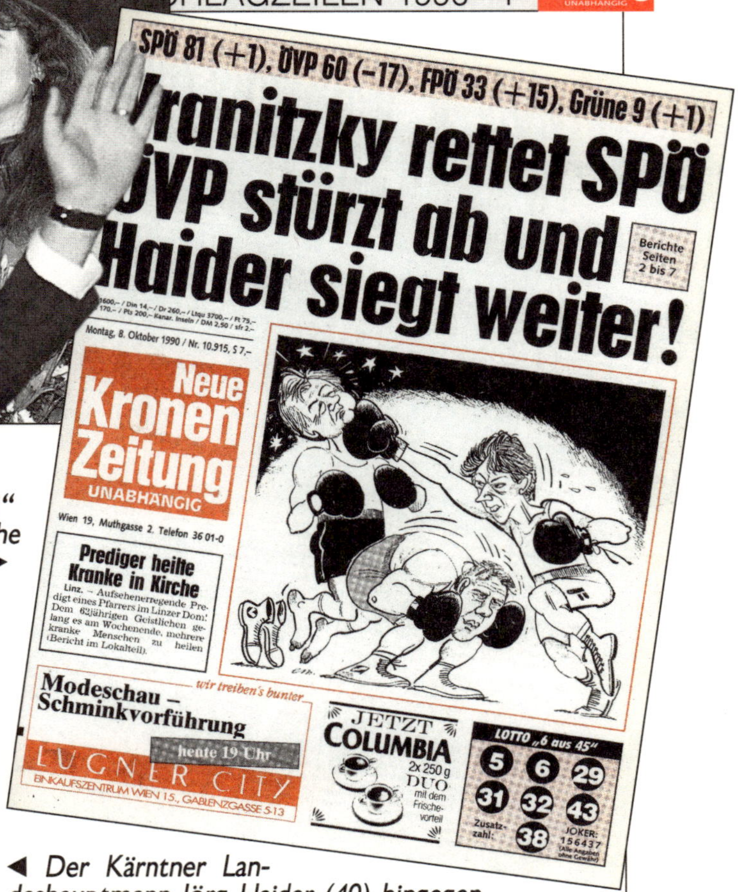

SPÖ 81 (+1), ÖVP 60 (–17), FPÖ 33 (+15), Grüne 9 (+1)

Vranitzky rettet SPÖ ÖVP stürzt ab und Haider siegt weiter!

Berichte Seiten 2 bis 7

Montag, 8. Oktober 1990 / Nr. 10.915, S 7,–

Neue Kronen Zeitung UNABHÄNGIG

Wien 19, Muthgasse 2, Telefon 36 01-0

Prediger heilte Kranke in Kirche

Linz. – Aufsehenerregende Predigt eines Pfarrers im Linzer Dom: Dem 62jährigen Geistlichen gelang es am Wochenende, mehrere kranke Menschen zu heilen (Bericht im Lokalteil).

wir treiben's bunter

Modeschau – Schminkvorführung heute 19 Uhr

LUGNER CITY

EINKAUFSZENTRUM WIEN 15., GABLENZGASSE 5-13

JETZT COLUMBIA 2x 250 g DUO mit dem Frischeventil

LOTTO „6 aus 45"

5 6 29 31 32 43

Zusatzzahl: 38

JOKER: 156437

◀ Der Kärntner Landeshauptmann Jörg Haider (40) hingegen wird in Anbetracht des fulminanten FP-Wahlsieges auf die Schultern gehoben und wie ein „Soldatenkaiser" von seinen Parteikameraden und Fans gefeiert. Walter Meischberger (li.) wird noch im November als einer der beiden neuen Generalsekretäre bestellt.

Kanzler als Rettung für die SPÖ ● Freiheitliche legen erneut zu

Vranitzky und Haider demolieren gemeinsam die Volkspartei!

Der Wahlsonntag am 7. Oktober wird eine klare Sache für Kanzler Franz Vranitzky und den Kärntner Landeshauptmann Jörg Haider. Mit dem Kanzlerbonus gelingt es Vranitzky, die skandalgeschüttelte SPÖ vor einem Absturz zu bewahren. Und Jörg Haiders FPÖ legt erneut kräftig an Stimmen zu.

Das Ergebnis bestätigt das für die Volkspartei so katastrophale Wahlende.

80 Mandate für die SPÖ, 60 Mandate für die ÖVP, 33 für die FPÖ und magere 9 Mandate für die Grünen. Gleichzeitig bedeutet das Resultat auch eine Blamage für fast alle Meinungsforscher, die von einem Kopf-an-Kopf-Rennen zwischen SPÖ und ÖVP gesprochen hatten. Was die Wählerströme betrifft, so punktete die FPÖ eigentlich überall, und in erster Linie auf Kosten der Volkspartei.

Bei der SPÖ hingegen dürfte sich die taktisch geschickt angelegte „Kanzler-Vorzugs-Stimmen-Aktion" positiv ausgewirkt haben. Denn es gab mehrere hunderttausend „Nur-Vranitzky-Wähler", die zwar den Namen des Bundeskanzlers auf ihren Stimmzettel geschrieben, die Sozialistische Partei hingegen – vermutlich wegen der Skandalserie –, nicht angekreuzt hatten.

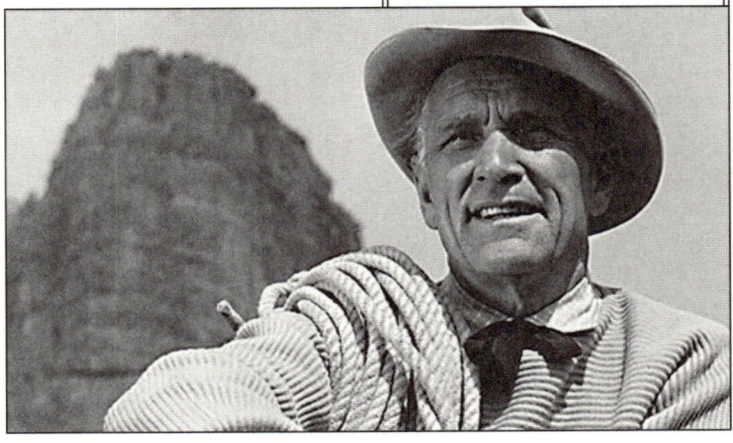

__Die Berge__ waren sein Leben. Der begeisterte Alpinist und „Naturbursch" Luis Trenker stirbt im 98. Lebensjahr – im Bett. Tausende Touren überstand der populäre Südtiroler, den auch Filme wie „Berge in Flammen" oder „Der Rebell" als Autor, Regisseur und Hauptdarsteller berühmt machten.

Krone-Chronik

● Durch die Öffnung östlicher Archive wird bekannt, das der Terrorist „Carlos", alias Ilich Ramirez Sanchez, den blutigen Überfall auf Wiens OPEC-Zentrale 1975 mit Wissen von Parteichef János Kádár von Budapest aus vorbereitet hat.

● Nachdem die Regierung am 12. März die Einführung der Visumpflicht für rumänische Staatsbürger angekündigt hat, kommt es zu einem Ansturm von Flüchtlingen.

● Kremlchef Michail Gorbatschow wird mit dem Friedensnobelpreis ausgezeichnet.

● Ex-Generalintendant Gerd Bacher wird im Oktober mit Zweidrittelmehrheit vom ORF-Kuratorium ein drittes Mal zum Generalintendanten gewählt.

● Peter Gürtler (42), Chef des renommierten Wiener Hotels Sacher, begeht Selbstmord.

● Nachdem Feuer an Bord ausgebrochen war, sinkt die schwedische Fähre „Scandinavian Star" – 159 Todesopfer!

● Uraufführung des Musicals „Freudiana" von Eric Woolfson, Brian Bolly und Linda Winiewicz im Theater an der Wien.

Opernballkrawalle

Was als relativ harmlose Demo beginnt, artet bereits 1987 beim ersten Protest gegen den Wiener Opernball aus. Jahr für Jahr multipliziert sich dann die Brutalität. 1989 regiert blanker Hass! Krawallmacher kapern eine Limousine und verwenden den Mercedes als Rammbock gegen die Polizeiabsperrungen. 1990 erreicht die Gewaltspirale rund um den „Ball der Bälle" vor dem Haus am Ring ihren tragischen Höhepunkt: Brutalos & Anarchos attackieren die Uniformierten mit Stöcken, Raketen und Molotowcocktails – es gibt mehr als 100 Verletzte!

Während draußen Brandsätze und Fäuste fliegen, wird im Haus am Ring getanzt. Caroline von Monaco & Ehemann verfolgen den Ball mit eiserner Miene.

Die ersten Bürgerproteste vor der Oper galten im Februar 1987 einem Ballgast, nämlich Ministerpräsident Franz Josef Strauß. Demonstranten skandierten Sprüche gegen den Bau der Atom-Wiederaufbereitungsanlage in Wackersdorf. Als die Polizei den aus Bayern eigens mitgebrachten Wackersdorf-Zaun wegräumen wollte, eskalierte die Situation zur „Opernball-Demo I".

Im Jahr danach spannten Aktivisten eine Kette – wie einst die Kuenringer über die Donau – quer über die Ringstraße als Protest gegen das Kundgebungsverbot. Mehr als 3000 Menschen strömten trotz des Demonstrationsverbots Richtung Opernhaus. Alles verlief vorerst gewaltlos. Doch als ein Streifenwagen gegen 22 Uhr Passanten verletzte – kam es zur „Opernball-Demo II".

+ + + SCHLAGZEILEN 1990 +

Nach den ersten Unruhen von 1987, als Demonstranten gegen eine Atom-Wiederaufbereitungsanlage im deutschen Wackersdorf protestierten, arteten die Opernballkrawalle in den kommenden Jahren weiter aus. 1989 wurde der Mercedes eines Ballgastes als Rammbock gegen Polizeisperren verwendet, 1990 traten Anarchos auf. ▼

▲ Aktivisten attackierten die Uniformierten mit Fäusten und Tritten. Vor dem „Haus am Ring" herrschte ◄ praktisch der Ausnahmezustand.

enden in brutaler Gewaltorgie!

„Eat the rich!", also „Esst die Reichen!", lautete dann die Kampfansage der Opernballkrawalle anno 1989. Diesmal führte die polizeiliche Räumung eines besetzten Hauses in der Wiener Aegidigasse zu Gewaltausbrüchen. Erneut versuchten Uniformierte, die Demo aufzulösen. Doch in der aufgeheizten Atmosphäre kaperten Aktivisten den Mercedes eines Ballgastes und verwendeten die Limousine beim Angriff gegen die Tretgitter der Exekutive.

In der Folge setzten auch die Beamten auf zu viel Gewalt, „um die Lage wieder in den Griff zu bekommen". Schließlich hagelte es bereits Pflastersteine, Scheiben gingen klirrend zu Bruch, Müllcontainer waren in Brand gesteckt und Uniformierte mit Eisenstangen attackiert worden. Bilanz der „Opernballdemo III": 60 verletzte Protestierer und Dutzende Polizisten, die ebenso verarztet werden mussten.

Und am 22. Februar 1990 erreichen die Ausschreitungen rund um das „Fest in der Oper" dann ihren traurigen Höhepunkt.

Denn als die Polizei die lautstarke Demonstration auflösen will, blasen Hooligans und Skinheads zum Generalangriff.

Leuchtraketen werden gezündet und in Richtung der Polizisten abgefeuert, Molotowcocktails fliegen ebenso wie Pflastersteine durch die Luft – etliche Demonstranten des berüchtigten vermummten „Schwarzen Blocks" sind mit Messern bewaffnet.

Schließlich werden noch die Scheiben eines Supermarktes zertrümmert und das Geschäft geplündert. An die hundert Personen, unter ihnen etliche Polizisten, werden bei den Straßenschlachten der „Opernballdemo IV" verletzt . . .

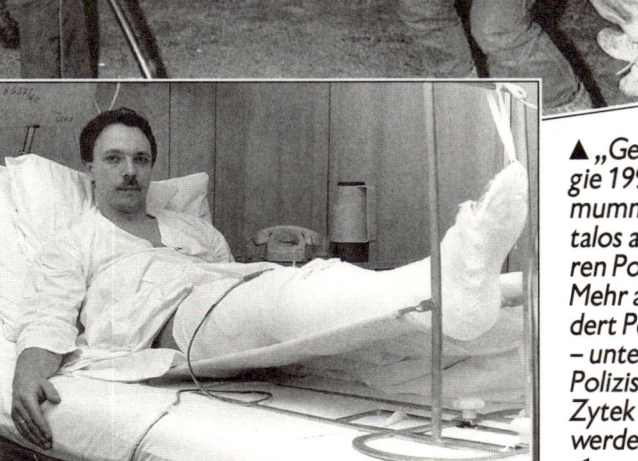

▲ „Gewaltorgie 1990": Vermummte Brutalos attackieren Polizisten. Mehr als hundert Personen – unter ihnen Polizist Michael Zytek (27) – werden schwer ◄ verletzt.

+ SCHLAGZEILEN 1991 + + + SCHLAGZEILEN 1991 + + + SCHLAGZEILEN 1991

VOEST-Manager verurteilt
Noricum-Prozess: 14 Schuldsprüche

Am 1. Februar werden gleich 14 Manager im Linzer Noricum-Prozess wegen Neutralitätsgefährdung und nach dem Kriegsmaterialiengesetz zu – teilweise unbedingten – Haftstrafen verurteilt. Ihnen wird vorgeworfen, als Verantwortliche der VOEST-Tochter „Noricum" Kanonen in eine der explosivsten Regionen der Welt geliefert zu haben. Staatsanwalt Sittentaler spricht davon, „dass die Angeklagten die Ehre Österreichs aufs Spiel gesetzt und den Wohlstand mit Toten erkauft hätten". – 1981 wurden 200 Haubitzen über Jordanien in den Irak verkauft.

Krone-Chronik

● Die US-Samenbanken haben vor Ausbruch des Golfkriegs Hochbetrieb. Hunderte Soldaten deponieren Sperma, um für eine genetische Zukunft vorzusorgen.

● Opernball-Lady Lotte Tobisch sagt angesichts der vielen Toten am Golf die rauschende Nacht im Haus am Ring ab.

● Graham Greene, einer der bedeutendsten britischen Romanciers („Unser Mann in Havanna", „Der dritte Mann") stirbt im Alter von 86 Jahren in Lausanne, Schweiz.

● Rajiv Gandhi (47), Sohn von Indira, kommt in Madras bei einem Bombenanschlag ums Leben.

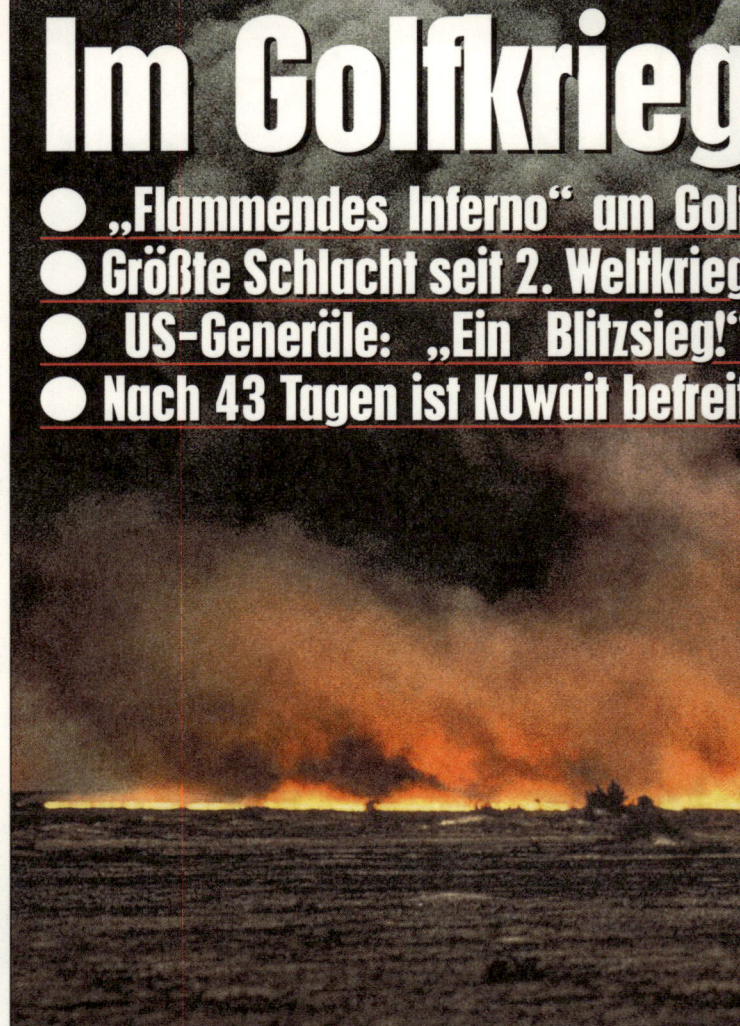

Im Golfkrieg
● „Flammendes Inferno" am Golf
● Größte Schlacht seit 2. Weltkrieg
● US-Generäle: „Ein Blitzsieg!"
● Nach 43 Tagen ist Kuwait befreit

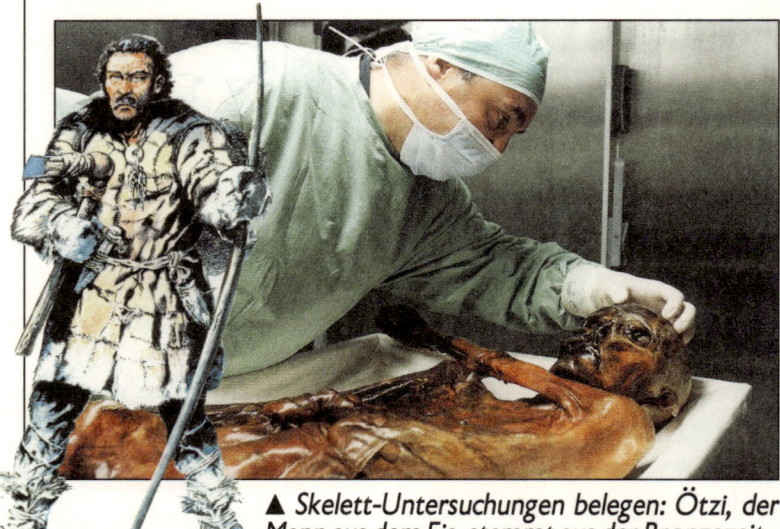

▲ Skelett-Untersuchungen belegen: Ötzi, der Mann aus dem Eis, stammt aus der Bronzezeit.

Archäologischer Sensationsfund in Ötztaler Alpen
Ötzi – „Mann aus dem Eis" wurde eiskalt ermordet!

Der Similaun-Gletscher in den Ötztaler Alpen gibt im September das im ewigen Eis konservierte Skelett eines Mannes frei: Es ist 1,60 Meter groß, trägt eine Umhängetasche, hat Pfeil und Bogen bei sich, eine Axt aus Bronze und ein Steinmesser mit Holzgriff. „Ötzi", wie der Mann aus dem Eis genannt wird, ist ca. 5300 Jahre alt. Gerichtsmedizinische Untersuchungen liefern sensationelle Erkenntnisse zu einem Gletscherkrimi: „Ötzi" wurde eiskalt ermordet. Nachdem ein Pfeil von hinten in seine Schulter eingedrungen war, verblutete er. Da „der Mann aus dem Eis" auf Südtiroler Gebiet gefunden wurde, wird er im Bozener Museum ausgestellt.

Mit 7 Oscars wird „Der mit dem Wolf tanzt" als bester Film des Jahres ausgezeichnet. Kevin Costner (Foto), der nicht nur die Hauptrolle spielte, sondern auch Regie führte und den Streifen selbst produzierte, verhalf so dem bereits totgesagten Genre des Westerns zu einem erneuten Durchbruch. Der Film basiert auf dem gleichnamigen Buch und Drehbuch von Michael Blake.

SCHLAGZEILEN 1991 + + + SCHLAGZEILEN 1991 + + + SCHLAGZEILEN 1991 +

brennt sogar die Wüste!

"Die Befreiung Kuwaits hat begonnen", so die kurze offizielle Erklärung des Weißen Hauses in der Nacht zum 17. Jänner. Nachdem irakische Truppen bereits im August 1990 in dem kleinen, durch Erdöl unermesslich reich gewordenen Emirat Kuwait einmarschiert waren, startete eine westliche Allianz – allen voran die USA – den Krieg am Golf.

Den Kriegsbeginn hatten Militärstrategen im Pentagon deshalb für diesen Zeitpunkt gewählt, weil eine ideale Kombination aus Dunkelheit, Neumond und Flut am Morgen herrschte.

"Saddam Hussein hat den Krieg vor fünf Monaten begonnen. Ziel unserer Operation ist die Befreiung Kuwaits und nicht die Zerstörung des Iraks. Dieser Krieg wird kein zweites Vietnam", kündigte US-Präsident George Bush an. "Das ist die Mutter aller Schlachten. Wir werden dem Satan Bush, den saudiarabischen Hunden und allen Ungläubigen eine unvergessliche Lektion erteilen", kontert Saddam. Am 28. Februar ist der Feldzug praktisch zu Ende. Blutige Bilanz: "Nur" 120 Amerikaner starben, aber bei zigtausenden Luftangriffen kamen 120.000 Iraker ums Leben.

Operation Wüstensturm. – Saddams Truppen zünden Erdölanlagen an (ob.). US-General Schwarzkopf & Präsident Bush triumphieren.

20.000 wollen nach Italien
Massenflucht aus Albanien

Auf der Suche nach Freiheit, Asyl und Arbeit flüchten im März Tausende Albaner aus ihrer Heimat, dem letzten stalinistischen Land Europas, auf völlig überfüllten Booten Richtung Italien. Nachdem im Auffanghafen Brindisi durch rund 20.000 Albaner Chaos ausbricht und Seuchengefahr droht, lässt die Regierung in Rom sogar Kriegsschiffe ausfahren, um die Flüchtlingsboote aus Albanien zu stoppen. Das Regime in Tirana reagiert auf seine Art und lässt verlauten: "Kräfte im Ausland haben die Massenflucht organisiert, um den Demokratisierungsprozess in Albanien zu verhindern."

+ SCHLAGZEILEN 1991 + + + SCHLAGZEILEN 1991 + + + SCHLAGZEILEN 1991

Fall Lucona – sechsfacher

- **Lebenslang für Udo Proksch (57)**
- **Frachtschiff im Ozean gesprengt**
- **Millionenbetrug aus eitler Habgier**

Als Chef der Hofzuckerbäckerei Demel schmiert Udo Proksch der Wiener Gesellschaft und etlichen Politikern Honig ums Maul – und täuscht sie alle. Schließlich versenkte er 1977 das Frachtschiff „Lucona" per Zeitzünder im Indischen Ozean, um 212 Millionen Schilling (15,4 Mio. €) Versicherungssumme für eine angebliche Uranerzmühle zu kassieren. Dass die zwölfköpfige Besatzung ertrinkt, nahm er in Kauf, doch sechs Mann überlebten...

◄ Der 57-jährige Ex-Demel-Chef wird kurz nach dem Urteil von Sicherheitswachebeamten abgeführt. Sein Kommentar: „Willst du den Frieden, bereite den Krieg vor." Er hatte Betrug samt Zwölffachmord im Ozean vorbereitet...

Der „Fall Lucona" entwickelt sich zu einem der größten Politskandale der Zweiten Republik. Denn hinter dem Untergang des holländischen Frachters unter panamaischer Flagge steht ein eiskalt geplanter mörderischer Millionenbetrug.

Per Fernzündung sollte das hoch versicherte Schiff und mit ihm die zwölfköpfige Besatzung versenkt werden. Geplant und perfide ausgeführt vom Enfant terrible der österreichischen Gesellschaft: Udo Proksch! Bunter Hund und als Chef der Demel-Hofzuckerbäckerei samt dubiosem „Club 45" verhabert mit hochrangigsten Politikern.

Zum Freundes- und Bekanntenkreis zählten Kanz-

Viele Gesichter: Demel-Boss (1987), Operation (1989), Prozessbeginn (1990), Lokalaugenschein.

Das letzte Foto der „Lucona", aufgenommen Jänner 1977 – es ging um Millionen-Versicherungsbetrug

Selbstdarsteller als Demel-Chef

Mord!

ler Kreisky und Verteidigungsminister Lütgendorf.

Lange Zeit passierte wegen Prokschs guter Kontakte kaum etwas bei den Ermittlungen. Nur der Hartnäckigkeit des Journalisten Hans Pretterebner ist es zu verdanken, dass der Fall noch aufgedeckt wurde.

Obwohl Proksch und sein Komplize Hans Peter Daimler wegen Betrugsverdachts 1985 verhaftet wurden – die versunkene, angeblich millionenteure Uran-Anlage entpuppte sich als Schrott – gingen sie bald wieder frei. Nationalratspräsident Leopold Gratz und Innenminister Blecha traten in der Folge zurück, da sie für „Freund Udo" interveniert hatten...

1991 kam der Prozess-Höhepunkt: Richter Hans-Christian Leiningen-Westerburg veranlasst die millionenteure Suche des Wracks im Ozean. Nach zehn Tagen wird die „Lucona" in 4193 Metern Tiefe gefunden! Die Expertise: Das Schiff wurde gesprengt, das versicherte „High-Tech"-Gerät war wertlos. Urteil für Proksch: 20 Jahre Haft – später wird auf lebenslang erhöht!

Hausarrest in Villa! – Italiens Film- & Erotikwunder Laura Antonelli („Das nackte Cello", „Malizia") wird mit 50 Gramm Kokain erwischt. An und für sich sind die Richter gegenüber der weltbekannten Leinwand-Schönen ebenso korrekt wie streng: Laura wird zu dreieinhalb Jahren Freiheitsentzug verurteilt. Doch nach einem kurzen Gefängnisaufenthalt darf die „Sexgöttin" die Strafe in ihrer Villa in Rom absitzen.

Pfarrer (78) hat vier Kinder mit vier Frauen

Eine öffentliche Beichte macht der 78-jährige Pfarrer von Magdalenaberg (OÖ): Der Priester, der mit seiner Lebenslüge nicht mehr leben will, bekennt sich zu seinen Kindern zwischen 15 und 40 Jahren, „da es ohnehin schon alle im Dorf wissen". Sündiges Detail: Die vier Kinder sind von vier Frauen.

Ski-Weltmeister Rudi Nierlich stirbt bei einem Horror-Crash

Am 3. Februar krönt sich der Salzburger Skistar Rudi Nierlich mit einem Husarenritt durch die Riesenslalom-Tore in Saalbach zum Weltmeister. Drei Monate später sein bitteres Ende. Dass der begeisterte Autofahrer und Motorsportfan auch den Nervenkitzel auf der Straße sucht, wird ihm zum Verhängnis. Nach dem Besuch seines Stammlokals kommt er drei Kilometer von seinem Elternhaus entfernt von der Straße ab und kracht in ein Haus: tödlicher Genickbruch!

Krone-Chronik

● Bemerkenswert: 59,9 Prozent der Deutschen hätten lieber einen König als den Bundespräsidenten, so eine Befragung.

● In Swerdlowsk (Sowjetunion) werden die Überreste des letzten Zaren, Nikolaus II., und seiner Familie gefunden.

● Ex-Kinderstar Heintje wird in Belgien wegen unerlaubten Vertriebs von Video-Raubkopien zu einer Haftstrafe verurteilt.

● Der Deutsche Boris Becker, dreifacher Wimbledon-Sieger, verliert im Finale des All-England-Tennisturniers gegen seinen Landsmann Michael Stich. Bei den Damen siegt Steffi Graf (BRD).

● Erotische Rubens-Darstellungen dürfen in Japan ab Juli nur noch bedeckt gezeigt werden.

+ SCHLAGZEILEN 1991 + + + SCHLAGZEILEN 1991

Der „Oscar" war ihm nahezu sicher – das Skandalinterview bringt ihn aber um alle Chancen.

Sex-Skandal um Frankreichs Filmstar
Depardieu gesteht Vergewaltigung

Ein Skandal-Interview mit Gérard Depardieu, der für seine Leistung als „Cyrano de Bergerac" sogar für den Oscar nominiert wurde, geht um die Welt. Denn der 42-jährige Franzose gesteht, schon mit neun Jahren an einer Vergewaltigung teilgenommen und später mehrmals Frauen zum Sex gezwungen zu haben.

Dieses „Geständnis" löst einen weltweiten Sturm der Empörung aus.

Schließlich sprach Depardieu offen, aber ohne Reue über seine schreckliche Jugend als Sohn eines Alkoholikers, der zum Gelegenheitsdieb wurde.

Mit diesem Eklat zerstört der Schauspieler seine große Chance, die Oscar-Trophäe zu erhalten.

Putsch reaktionärer Kommunisten bricht
Kampf um Kreml

Umsturz im Kreml! – Am 19. August hält die Welt den Atem an. Während Gorbatschow auf der Krim in seiner Datscha festgehalten wird, treten KP-Apparatschiks in Moskau als Putschisten auf. Da steigt Republikspräsident Jelzin auf einen Panzer der Roten Armee – und ruft zum Widerstand gegen die Putschisten auf!

„Panzer rollen die Perestroika nieder!" – So die internationale Schlagzeile, die Angst macht. Denn über das russische Riesenreich wurde die Ausgangssperre verhängt. Über Rundfunk und Fernsehen wird erklärt, ein „Staatskomitee für den Ausnahmezustand" habe die Regierung übernommen.

Ihm gehören KGB-Chef Krjutschkow, Verteidigungsminister Pugo, der bisherige Premier Pawlow und Vizepräsident Janajew als neues Staatsoberhaupt an. Schon in ihren ersten Proklamationen lassen die neuen Machthaber keinen Zweifel daran: Sie wollen das Rad der Geschichte zurückdrehen. Gorbatschows Perestroika sei in einer Sackgasse, heißt es. Das Land sei unregierbar und befinde sich in einer tödlichen Gefahr, nun müsse Ruhe und Ordnung wiederhergestellt werden.

Inzwischen rollen Hunderte Panzer durch Moskau. Vor dem Amtssitz des Republikspräsidenten Boris Jelzin errichten Menschen Barrikaden. Als einer der größten Rivalen von Michail

Panzer patrouillieren vor dem Kreml am Roten Platz in Moskau.

„Fußballgott" verhaftet! - Das argentinische Fernsehen unterbricht sogar sein Programm, um zu zeigen, wie der offensichtlich unter Drogen stehende Diego Maradona (30) in einem Streifenwagen abgeführt wird. Der „Fußballgott" wird wegen Rauschgiftbesitzes vorübergehend verhaftet. Dann geht er gegen eine Kaution frei, und sogar Staatschef Menem setzt sich für ihn ein.

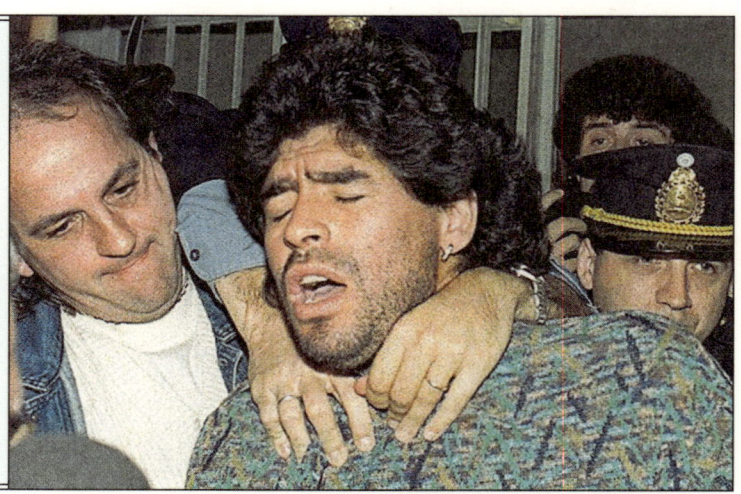

Michael führt in der Vornamen-Hitparade

„Michael", der Name des biblischen Erzengels, ist anno 1991 absoluter Spitzenreiter in der Hitparade der beliebtesten österreichischen Vornamen, gefolgt von Stefan und Thomas. Laut Statistischem Zentralamt wird bei den Mädchen der Name Stefanie am liebsten gewählt, noch vor Sandra und Daniela.

SCHLAGZEILEN 1991 + + + SCHLAGZEILEN 1991 + + + SCHLAGZEILEN 1991 +

zusammen ● Gorbatschow bekommt Amt zurück, aber nicht mehr die Macht…

– Jelzin ist neuer starker Mann!

Gorbatschow entwickelt sich Jelzin nun zu einer Schlüsselfigur der weiteren Entwicklung in der UdSSR. Von einem Panzer aus widersetzt sich der spätere „Zar Boris". Schon am zweiten Tag des Staatsstreichs zeichnet sich die Wende ab, mit der die Putschisten offenbar nicht gerechnet haben: In der Sowjetunion erhebt sich ein Sturm der Revolution, wie es ihn seit 1917 nicht mehr auf den Straßen gegeben hat. Hunderttausende protestieren, Generäle erteilen dennoch keine Schießbefehle und die westlichen Länder reagieren mit deutlichen Drohungen. Jelzin erklärt die Putschführer für abgesetzt, sie werden verhaftet. Eine neue russische Ära ist angebrochen.

▲ Mitgenommen von den Schreckenstagen auf der Krim kehrt Gorbatschow zurück – doch Volkstribun Jelzin ist der neue starke Mann in Moskau. ▼

Das Ende einer Epoche: Die Lenin-Statue wird in Wilna vom Sockel gehoben. Die Denkmäler der alten Sowjetunion werden gestürzt… ▶

+ SCHLAGZEILEN 1991 + + + SCHLAGZEILEN 1991 + + + SCHLAGZEILEN 1991

Der Jugoslawien-Konflikt rückt im Juni nah an unsere Grenze

Der „Balkankrieg" tobt

Nachdem bereits im Februar in Knin die „Serbische Autonome Provinz Krajina" ausgerufen worden war, treten Slowenien und Kroatien die Flucht nach vorne an und erklären am 25. Juni ihre Eigenstaatlichkeit. Mitten während der Unabhängigkeitsfeiern entbrennt dann der Krieg an unserer Grenze!

Nach seiner Unabhängigkeitserklärung übernimmt Slowenien noch am selben Tag die Gewalt über seine Grenztruppen. Doch schon am 27. Juni um zwei Uhr früh herrscht Krieg in unserem Nachbarland: 20 Kilometer südlich von Laibach werden 40 Panzer der jugoslawischen Bundesarmee (JNA) in Marsch gesetzt. Zwei Stunden später hat die Kolonne die Vororte der slowenischen Hauptstadt erreicht.

Tags darauf startet die Armee mit dem Totalangriff: Die Flughäfen von Laibach und Marburg werden bombardiert. Dabei kommt Nick Vogel, Kriegsbe-

▲ *Erschreckend nah: zerstörte Kirche der Grenzstadt Oberradkersburg. – Ein Kampfschauplatz vor unserer Haustür.* ▶

Viehböck wird während Mission Vater

Der erste „Austronaut" startet in das Weltall

Am Mittwoch, 2. Oktober, ist es so weit: Vom sowjetischen Kosmodrom Bajkonur aus startet der 31-jährige Franz Viehböck als erster Österreicher an Bord einer russischen Trägerrakete zum Flug ins Weltall. Während der „Austronaut" mit dem Raumschiff „Sojut TM-13" die Erde umkreist, bringt seine Ehefrau Vesna im Krankenhaus von Wr. Neustadt Töchterchen Carina Marie gesund zur Welt. Zwei Tage später – der „Austronaut" hat die Erde inzwischen 32 Mal umkreist und 1,4 Millionen Flugkilometer hinter sich gebracht –, dockt die Raumkapsel in 400 Kilometern Höhe an die Raumstation „MIR" an. In der Weltall-Kapsel erklingt der Donauwalzer, die rot-weiß-rote Fahne wird gehisst.

◀ *Dl Franz Viehböck, erster „Austronaut", verbringt insgesamt zehn Tage im Weltall.*

Schlagerkönig Roy Black ist tot. Der 48-jährige, der in der TV-Serie „Ein Schloss am Wörthersee" (Foto) ein fulminantes Comeback feierte, stirbt in seiner Fischerhütte in Heldenstein (Bayern) an Herzversagen, vier Wochen nachdem er stolzer Vater einer Tochter geworden war.

SCHLAGZEILEN 1991 + + + SCHLAGZEILEN 1991 + + + SCHLAGZEILEN 1991 +

- Slowenienkrieg bald zu Ende ● Doch Serben-Bombe tickt

vor unserer Haustür!

*Kriegsberichterstatter Nick Vogel starb bei einem Raketenangriff*richterstatter und Sohn der Burgschauspielerin Gertraud Jesserer, ums Leben. Schließlich wird die Grenzstation Spielfeld von Raketen getroffen. Und nachdem sich MIG-Kampfflugzeuge bis nahe Graz in österreichisches Gebiet „verirrt" hatten, verlegt das Bundesheer eine 7.500 Mann starke Truppe an die Grenze.

Man befürchtete, eingekesselte Einheiten könnten auf österreichisches Territorium gelangen. Doch während der Zehn-Tage-Krieg mit dem überraschenden Sieg der Slowenen und dem Abkommen von Brioni endet, entbrennt in Kroatien ein weiterer Krieg.

Vier Stationsgehilfinnen verübten Dutzende Morde an ihren wehrlosen Patienten

Lebenslang für Lainzer Todesengel

Franz K. (82): Überlebender und Kronzeuge im Fall Lainz.

▲ *Urteilsverkündigung – Zwei der Schwestern brechen im Gerichtssaal zusammen.*

Vier Stationsgehilfinnen des Krankenhauses Lainz gehen in Österreichs Kriminalgeschichte als „Todesengel von Lainz" ein: Gemeinschaftlich ermordeten sie knapp 30 Patienten. – Im Prozess sprechen sie von „gnadenvoller Erlösung und Mitleidsmorden". Alle vier werden schuldig gesprochen.

Zwei der Angeklagten werden Ende März zu lebenslanger, eine zu 20 und die vierte zu 15 Jahren Haft verurteilt. Insgesamt 27 Morde und 28 Mordversuche weist das Gericht dem „Lainzer Quartett" nach.

Von 1983 bis 1989 töteten sie im Todespavillon unliebsame Patienten mit Rohypnol-Spritzen oder mittels „Mundpflege", wie sie es nannten. „Da hat ein Schluckerl Wasser 'reinmüssen in den Mund. Mit der Spatel hab' ich die Zunge niedergedrückt", so eine Verurteilte.

Als „mildernde Umstände" nennt Richter Dr. Peter Straub die schwierigen Arbeitsbedingungen in „Pavillon V". Von 63 Krankenschwestern waren nur 29 diplomiert, eine Schwester war für 95 Patienten zuständig. „Und so kam es, dass die eine, stets fröhliche Schwester das Kommando im Todespavillon übernahm und ihre Kolleginnen buchstäblich zum Morden verführte", so der damalige „Krone"-Gerichtsreporter Christoph Biró über den widerlichsten Prozess des Jahres.

+ SCHL... + + SCHLAGZEILEN 1991 + + + SCHLAGZEILEN 1991

SCHAUSPIELERIN Kim Basinger soll wegen Vertragsbruchs von einer Produktionsgesellschaft in Hollywood zur Zahlung von acht Millionen Euro verklagt werden. Kim weigerte sich, „Die boxende Helena" zu spielen, denn das würde ihrem Image überaus schaden . . .

Er spricht von „ordentlicher Beschäftigungspolitik"

Haider lobt „Drittes Reich" Ende als Landeshauptmann

Mit seiner Aussage über die „ordentliche Beschäftigungspolitik im Dritten Reich" redet sich der freiheitliche Jörg Haider um Kopf und Kragen. VP-Chef Christof Zernato kündigt die Koalition mit der FP auf – und Haider muss seinen Hut als Landeshauptmann nehmen.

1989 war Haider noch mit Unterstützung der Volkspartei zum Landeschef von Kärnten gewählt worden. Bei einer Debatte über „Sozialschmarotzer" kommt es am 13. Juni zum Eklat. „Na, das hat's im Dritten Reich nicht gegeben, weil im Dritten Reich haben sie ordentliche Beschäftigungspolitik gemacht, was nicht einmal Ihre Regierung in Wien zusammenbringt. Das muss man auch einmal sagen", so Haider unverblümt. Diese Äußerung – für die er sich später entschuldigte – sorgt weit über die Grenzen Kärntens hinaus für Aufregung. So etwa spricht Bundespräsident Waldheim von einer „bedauerlichen Belastung für das demokratische Selbstverständnis". Am 15. März 1999 gewinnt die FP mit einem Stimmenanteil von 42,09 % die Wahl zum Landtag. Haider wird zum zweiten Mal zum Landeshauptmann Kärntens gewählt.

Defekte „Schubumkehr" über Thailand

„Lauda-Air"-Jet

Der 26. Mai ist ein Tag, der in die Geschichte Österreichs als „Tag der Trauer" eingeht. Denn an diesem Sonntag stürzt eine mit 213 Passagieren und zehn Besatzungsmitgliedern voll besetzte Maschine der „Lauda-Air" auf dem Flug von Bangkok nach Wien über Thailand ab – alle Insassen der „Mozart" sterben.

Flughafen Bangkok. Um 23.01 Ortszeit startet das zweistrahlige Großraumflugzeug der Lauda-Air, eine Boeing 767-300, mit 223 Personen an Bord Richtung Nordwesten planmäßig. Aus Hongkong kommend, war die „Mozart" während eines kurzen Zwischenstopps in der thailändischen Hauptstadt für den Flug nach Wien aufgetankt worden.

„Keinerlei Probleme bei Flug NG 004. Alles okay!" Das sind die letzten Worte, die Kapitän Tom Welch an die Außenwelt richtet.

16 Minuten später verschwindet die Maschine vom Radarschirm: Am linken Triebwerk ist ein Defekt eingetreten: Der „Umkehrschub" hatte sich in 8000 Metern Höhe aktiviert. Die Piloten haben keine Chance einzugreifen. Alles geht zu schnell, um das 180 Tonnen schwere Flugzeug zu kontrollieren. „Jesus Christ! – Warte einen Augenblick. Verdammt!", das sind die letzten, vom Tonbandprotokoll dokumentierten Meldungen im Cockpit.

Schreckensszenen müssen sich unterdessen im Passagierraum abgespielt haben: die „Mozart" raste im Sturzflug zu Boden. In 6000 Metern bricht der Jet auseinander und stürzt ins unwegsame Gelände der Bambuswälder in der Provinz Suphan Buri, nahe der burmesischen Grenze. Augenzeugen berichten: „Wir sahen einen riesigen Feuerball am Himmel, dann fielen brennende Trümmer zur Erde."

Krone-Chronik

● Der älteste Monarch der Welt ist tot: König Olaf von Norwegen stirbt im Alter von 87 Jahren.
● Die Ex-Premierministerin Margaret Thatcher wird bei einer britischen Umfrage vor „Denver"-Biest Joan Collins zur „unbeliebtesten Frau" des Landes gewählt.
● Nach 31 Jahren Ehe werden Schauspielstar Klausjürgen Wussow und Ida Krottendorf voneinander geschieden.
● Wirbelstürme mit Geschwindigkeiten von 260 Stundenkilometern fordern Ende April in Bangladesch rund 100.000 Todesopfer.
● Schweden wird nach einem 2:1-Sieg über die UdSSR in Finnland Eishockey-Weltmeister.
● Großes Debakel beim Song-Contest der Eurovision in Rom: Österreichs Vertreter Thomas Forstner wird mit seinem Lied „Venedig im Regen" Letzter und geht mit null Punkten leer aus.

Chancenlos: Pilot Tom Welch

SCHLAGZEILEN 1991 + + + SCHLAGZEILEN 1991 + + + SCHLAGZEILEN 1991 +

löste das schrecklichste Flugzeugunglück in der österreichischen Geschichte aus

explodiert: 223 Tote bei Absturz!

Rettungsmannschaften, die in den Dschungel entsandt werden, müssen feststellen: Keine Überlebenden! Dachte man anfangs an ein Bombenattentat, so ergibt die Auswertung des Flugschreibers sowie des Tondbandprotokolls eines klar: Die „Schubumkehr" – eine Bremshilfe bei der Landung – hatte sich fatalerweise während des Flugs eingeschaltet. „Plötzlich schiebt ein Triebwerk nach vorne, das andere nach hinten", erklärt der geschockte Airline-Boss Niki Lauda. Vergleichbar mit dem Fall, dass sich die Räder eines Autos bei voller Fahrt auf einer Seite auf einmal in die entgegengesetzte Richtung drehen.

Lauda steht nach der Katastrophe zu seinen beiden Piloten: „Auch ich hätte in der Situation nichts anderes getan." Schwacher Trost: Zwei Jahre nach dem Drama überweist Boeing an die Hinterbliebenen Entschädigungszahlungen.

▲ Geschockt betrachtet Niki Lauda am Unglücksort die Trümmer. – Seine Fluglinie trifft keine Schuld. Das Computersystem hatte versagt.

Schaurig: die entstellten Todesopfer des fatalen Absturzes – darunter 96 Österreicher – werden aus dem Dschungel getragen. ▼

Getötet: Copilot Josef Thurner

+ SCHLAGZEILEN 1992 + + + SCHLAGZEILEN 1992 + + + SCHLAGZEILEN 1992

Pechlaner schafft Weg aus Krise:
Neuer Zoodirektor bringt Schönbrunn auf Trab

Schönbrunns neuer Erfolgsdirektor Helmut Pechlaner

Jahrelanges Missmanagement hatten den Tiergarten Schönbrunn in Verruf gebracht. „Krone"-Redakteur Friedrich Graupe ruft deshalb zur Aktion „Helft den Tieren in Schönbrunn!" auf. Mit den Spenden wird der Neubau eines Affenhauses mitfinanziert. Eine nachhaltige Besserung stellt sich aber erst dank der Teilprivatisierung des Zoos unter Leitung des Innsbruckers Helmut Pechlaner ein. Der Tierarzt bewährt sich als Manager: Besucherzahlen und Einnahmen steigen – das Renommee ist wieder da!

„Catwoman" Michelle Pfeiffer – im Bild mit Pinguin Denny de Vito – brilliert in „Batmans Rückkehr". Geballte Erotik erobert das Schlachtfeld, wenn die 34-Jährige in das Gewand der Katzenlady schlüpft und klarmacht, was eine Frau ist. Nach diesem Erfolg steht auch fest, wer der neue Verdienststar Hollywoods ist: Michelle Pfeiffer – ihr wird eine 80-Millionen-Schilling-Gage (6 Mio. €) für die Fortsetzung geboten.

Verkehrsexperten präsentieren Horrorbilanz:
Täglich zwei Geisterfahrer auf unseren Autobahnen

Der September anno 1992 wird bei uns zum „Geisterfahrer-Monat": Im Schnitt sind pro Tag gleich zwei Fahrer auf unseren Autobahnen in die falsche Richtung unterwegs. Allein in den vergangenen fünf Jahren starben 32 Menschen bei einem „Geisterfahrer-Crash".

Besonders erschreckend ist die unfassbare Tatsache, dass jeder dritte Geisterfahrer mit voller Absicht in die falsche Richtung fährt. Wie fundierte Erhebungen der Autofahrerklubs ergeben, „aus Gründen der Zeitersparnis" oder weil jemand „etwas vergessen hat und deshalb wieder umdreht".

Den traurigen Langstreckenrekord als Geisterfahrer hält ein 26-jähriger Lenker, der auf der Tauernautobahn 60 Kilometer weit über die Gegenfahrbahn raste, ehe er mit einem anderen Auto frontal zusammenstieß.

Insgesamt verschuldeten derartige „Kamikaze-Lenker" in den vergangenen fünf Jahren 65 fatale Geisterfahrer-Unfälle mit 32 Todesopfern sowie 36 Schwerverletzten.

Staatsoperndirektor Eberhard Wächter (li.) bricht während eines Spaziergangs im Wienerwald tot zusammen. Jede Hilfe kommt für den Kammersänger (62) und Starbariton der größten Opernhäuser der Welt zu spät. Schaurig grotesk: Nur Stunden vor seinem Tod erklärte er in einem Interview, dass er gerne im Wald sterben würde. – Ioan Holender tritt seine Nachfolge an.

Den Produzenten zersägt:
Fernsehstar wird aus Geldgier zum Mörder

Als Sonnyboy macht ein Wiener TV-Star Karriere. Doch dann schickt ihm ein Konkurrent die Wirtschaftspolizei ins Haus. Eine Komplizin lockt diesen darauf in Ungarn in eine Falle: Dort tötet der Fernsehstar den Produzenten und zersägt dann die Leiche. Das Komplott fliegt auf, er wird als Mörder verhaftet.

SCHLAGZEILEN 1992 + + + SCHLAGZEILEN 1992 + + + SCHLAGZEILEN 1992 +

Neuer US-Präsident greift am ersten Tag seiner Amtszeit irakische Stellungen an:

Clinton – von Anfang an hart!

Am 3. November wird Bill Clinton zum 42. Präsident der USA gewählt. Gleich von Anfang seiner Amtszeit an zeigt er sich hart: Als Zeichen der Entschlossenheit lässt er eine US-Kampfflieger-Einheit Flugabwehrstellungen im Nordirak angreifen.

Der Demokrat William „Bill" Clinton gewinnt die Wahl gegen seinen republikanischen Amtsvorgänger George Bush klar: Er erhält 44.909.806 (43 Prozent) der insgesamt 104.423.923 Stimmen. Bush hält bei 39.104.550 (37 Prozent) Wählern. Und im Wahlmännerkollegium erzielt Clinton gar 370, Bush hingegen nur 168 Stimmen.

Dass er das Gesetz des Handelns nicht anderen wie dem irakischen Diktator Hussein überlassen, sondern es selbst in die Hand nehmen will, untermauert er mit diesem Angriff auf den Irak.

Siegessicher präsentiert sich Bill Clinton als 42. Präsident der Vereinigten Staaten von Amerika.

Fehlurteil löst Rassenunruhen aus:
Los Angeles in Flammen!

Der Freispruch von vier Polizisten, die den schwarzen Autofahrer Rodney King (26) halbtot geprügelt haben, löst Anfang Mai in Los Angeles (USA) die schwersten und blutigsten Rassenunruhen seit Jahrzehnten aus. Ein Amateur hatte den brutalen Übergriff gefilmt und somit den Beweis für die Misshandlung geliefert. Gebäude werden in Brand gesteckt, Autos mit Steinen beworfen, weiße Passanten verprügelt und Supermärkte geplündert. Traurige Bilanz der kalifornischen Schreckenstage: 60 Todesopfer und Hunderte Verletzte!

+ + SCHLAGZEILEN 1992 + + + SCHLAGZEILEN 1992

Sarajewo brennt ● Millionen
Kriegsinferno

Mit dem Einmarsch serbischer Milizen in Sarajewo beginnt die Tragödie um das „Juwel Bosniens": Soldaten stecken große Teile jener Stadt in Brand, die über Jahrhunderte als Kreuzpunkt islamischer und christlicher Kultur galt. Moslems und Kroaten werden zu Hunderten deportiert oder hingerichtet. Tausende sterben, Zehntausende flüchten aus der Stadt – zwei Millionen Menschen werden aus Ex-Jugoslawien vertrieben. Das totale Kriegsinferno!

Knapp ein Jahr nach dem Überfall Serbiens auf Slowenien eröffnen Milizen eine neue Front im Herzen Bosniens. „Mit Kampfbombern, Artillerie und Panzern wird Sarajewo in Brand geschossen. Tausende flüchten in Todesangst. Sogar das UNO-Hauptquartier gerät unter Raketenbeschuss", so Redakteur Claus Pándi.

Bis zum Sommer sind bereits mehr als zwei Millionen Menschen auf dem Balkan zu Heimatlosen geworden. Wer sich den Milizen widersetzt, wird deportiert oder exekutiert. Außenminister Alois Mock nennt die Tragödie beim Namen und spricht von Völkermord!

Im größten Flüchtlingsdrama seit dem Zweiten Weltkrieg irren mehr als zwei Millionen Menschen innerhalb von Ex-Jugoslawien umher. Sie suchen Zuflucht bei Verwandten und Bekannten, in Regionen, die vom Krieg verschont geblieben sind. Im Wiener Innenministerium registriert man 65.000 Asylwerber. Sie kommen fast zur Gänze aus Bosnien-Herzegowina.

Während die Welt zusieht, wie das Morden am Balkan weitergeht, beschämt Frankreichs Präsident Mitterrand die Regierenden mit einem Spontanbesuch in Sarajewo. Er setzt ein Zeichen der Hoffnung. Doch der Ruf nach europäischen Eingreiftruppen verhallt vorerst – der Krieg am Balkan wütet unvermindert grausam weiter.

Madonnas Liebesleben ist, zumindest für ihre Nachbarn, unerträglich. Die Anrainer im eleganten Haus am New Yorker Central Park zeigen die Pop-Diva an, da sie ihnen bei der Liebe zu laut ist. „Der Lärm die ganze Nacht über macht uns verrückt", so die Nachbarn. Doch Madonna antwortet frech: „Wenn den alten Idioten etwas nicht passt, sollen sie ausziehen. Ich kaufe ihre Wohnung dazu." Und schon bei der nächsten Bühnenshow (Foto) geht's wieder heiß zur Sache.

Milliardenpleite der Länderbank

Erst nachdem sie mit der „Z" fusioniert worden ist, stellt sich heraus, dass die frühere Länderbank bei Auslandsgeschäften Verluste in Milliardenhöhe erwirtschaftet hat. Der Schaden beläuft sich auf rund fünf Milliarden Schilling (364 Mio. €). Schuld an dem Debakel sind Vorstandsdirektoren, die den Aufsichtsrat falsch oder nur teilweise über das sich anbahnende Fiasko informiert haben.

Österreich hilft den Lipizzanern

Der Krieg am Balkan fordert nicht nur unter den im Krisengebiet lebenden Menschen Opfer. Mehr als 100 Lipizzaner können im Jänner aus den staatlichen Stallungen in Djakovo (Kroatien) während eines Angriffs gerettet werden. Österreich reagiert auf einen Hilferuf des kroatischen Landwirtschaftsministers und schickt nötige Veterinär-Medikamente ins „Aushilfsgestüt" Križevci.

Fünf Oscars für Thriller

Oscar-Reigen für den Thriller „Das Schweigen der Lämmer": Neben Auszeichnungen für die Hauptdarsteller Jodie Foster und Anthony Hopkins erhält der Erfolgsstreifen Trophäen für beste Regie, beste Drehbuchadaption sowie besten Film. Besonders gruselig wie Hopkins alias Hannibal Lekter als kannibalistischer Serienmörder Agentin Clarice Starling in der Zelle gleichsam hypnotisiert. Oscar-Mitfavorit „Terminator 2" ist mit 100 Millionen Dollar Kosten übrigens der bis dahin teuerste Film aller Zeiten.

SCHLAGZEILEN 1992 + + + SCHLAGZEILEN 1992 + + + SCHLAGZEILEN 1992 +

auf der Flucht ● Ratlosigkeit von UNO und EG
um Bosniens Juwel

Die bosnische Hauptstadt Sarajewo gerät ins Visier von Serbenmilizen. Erstmals seit 1945 wird eine Hauptstadt planmäßig vernichtet.

Misstöne zwischen dem Erfolgsduo Moik und „Hias":
Krach im Musikantenstadl

Als die Welt noch in Ordnung war ...

Dissonanz im sonst so harmonischen „Musikantenstadl": Nach einem Streit mit dem ORF kündigt Moderator Moik an, seinen Vertrag nicht mehr verlängern und die TV-Show nie wieder präsentieren zu wollen. Als Nachfolger wird „Hias, das Urvieh der Nation", gehandelt – dann ist wieder alles anders ...

Denn nachdem „Hias", bürgerlich Matthias Mayer, bereits als neuer Präsentator genannt und ein Partner für ihn gesucht wurde, wendet sich das Blatt erneut: Karl Moik hat es sich offenbar anders überlegt, und er unterschreibt einen neuen Vertrag. Jetzt allerdings will „Hias" nichts mehr von der Volksmusik-Sendung wissen. Und so wird der nächste „Musikantenstadl" in Villach eben ohne das Urvieh übertragen. Auch wenn Moik bedauert, „dass der Hias nicht zu ersetzen sei", nimmt dieser den Streit sehr persönlich – er erleidet einen Infarkt und muss ins Spital eingeliefert werden. Selbst am Krankenbett meint er: „Ich will nie wieder mit Moik zusammenarbeiten." Tragisches Lebensende des depressiven „Hias": im Juli 2007 begeht er Selbstmord.

+ SCHLAGZEILEN 1992 + + + SCHLAGZEILEN 1992 + + + SCHLAGZEILEN 1992

„Jopie" Heesters (88) heiratet Simone (42)

Film- und Operettenheld Johannes Heesters gibt seiner Freundin Simone Rethel das „Ja"-Wort. „Ich bin tief gerührt und erhoffe mir von dieser Ehe Geborgenheit und noch ein wenig Glück", sagt der strahlende Ehemann nach der Hochzeit im Rathaus von Starnberg in Bayern. Er wirkt mehr als überglücklich mit seiner um 46 Jahre jüngeren Ehefrau. „Der Altersunterschied", so der große Herzensbrecher „ist für uns nie und in keinster Weise ein Problem gewesen." Der 88-Jährige war seit sieben Jahren verwitwet. Simone hatte ihren „Jopie" bereits als 17-jährige Autogrammjägerin kennengelernt.

Disneyland *erobert Europa. Am 12. April eröffnet das Euro-Disneyland bei Paris seine Pforten. Trotz Streiks und Protesten erobern die amerikanische Mickymaus & Co. auch das gute alte Europa. 2000 Hektar, ein Fünftel der Fläche von Paris, umfasst das Areal. Vor allem das Dornröschenschloss verzaubert die Gäste.*

HIV-Plasma auch bei heimischer Firma
Tausend Aids-Tote durch verseuchte Blutkonserven

In Paris werden vier Beamte bei einem der spektakulärsten Prozesse der Medizingeschichte zu vier Jahren Haft verurteilt. Frankreichs Gesundheitsbehörden hatten aus Schlamperei und in Kenntnis der Gefahr AIDS-infiziertes Blutplasma ausgegeben. Mehr als tausend Menschen wurden Opfer der tödlichen Immunschwächekrankheit. Aber auch Österreich wird von einem AIDS-Skandal erschüttert: Ein Pharma-Unternehmen aus Gumpoldskirchen (NÖ) verkaufte mit dem HIV-Virus verseuchte Blutkonserven nach Portugal: 100 Inifzierte, 19 Tote!

Jedes zweite Bild des flämischen Meisters im „Kunsthistorischen" ist nicht echt:
4 falsche Rembrandts im Museum

Ein Schock erschüttert Wiens Museumswelt! Denn bei einer Kontrolle entlarven Experten, dass vier der acht Rembrandts im Kunsthistorischen Museum nicht „von Rembrandts eigener Hand", sondern eindeutig „Werkstatts- oder Schülerarbeiten aus Holland" sind...

▲ *„Selbstbildnis mit Kette" zeigt Rembrandt, aber nicht von ihm gemalt. Auch falsch: „Die Mutter"* ▶

Hinter der Enttarnung steht die penible Arbeit von Professor Ernst van de Wetering, der seit mehr als zwanzig Jahren hinter falschen Rembrandts her ist. Mit modernsten Forschungsmethoden gehen er und sein „Schnüffler-Team" daran, die Echtheit von Kunstwerken mit Röntgen-, Infrarot- und Ultraviolettstrahlen genauestens zu prüfen.

Das Kontrollergebnis: „Der Apostel Paulus", „Die Mutter", ein „Selbstbildnis mit Kette" sowie das „Bildnis einer Frau" sind nicht echt.

Zumindest die restlichen vier Bilder gelten als Werke des Meisters. Auch wenn der Schock tief sitzt, so ist die Enthüllung zumindest mit keinem finanziellen Schaden verbunden. Denn das „Kunsthistorische" verkauft prinzipiell keines seiner Exponate.

SCHLAGZEILEN 1992 + + + SCHLAGZEILEN 1992 + + + SCHLAGZEILEN 1992 +

Die Mafia tötet ihren schärfsten Gegner

Der gepanzerte Fahrzeugkonvoi des profiliertesten Mafiajägers Italiens, Giovanni Falcone, wird auf der Autobahn Palermo-Trapani mit einer ferngesteuerten Bombe gesprengt. Der Richter (53), seine Frau Francesca sowie drei Leibwächter sind auf der Stelle tot. Das Attentat führt zu Protesten gegen die enge Verwicklung von Politik und Mafia.

Boxer vor Gericht K.o.: 6 Jahre Haft für Tyson

Der ehemalige Weltmeister im Schwergewichtsboxen, Mike Tyson, geht vor der amerikanischen Justiz schwer K.o. Es ist eine Frau, die das „Aus" über den 25-jährigen Boxer spricht: Richterin Patricia Grifford verkündet am 27. März in Indianapolis das Urteil. Tyson wird schuldig gesprochen, Desiree Washington (18) vergewaltigt zu haben.

Marlene Dietrich: Tod einer Legende!

Ihr Lied „Von Kopf bis Fuß auf Liebe eingestellt" aus dem „Blauen Engel" (Foto) machte Marlene Dietrich unvergesslich. Die Karriere dieser großartigen Schauspielerin begann 1921. Als eine der letzten Legenden des guten alten Hollywood stirbt die in Berlin geborene Diva am 6. Mai im Alter von 90 Jahren in ihrer Pariser Wohnung. Fast zwanzig Jahre hatte sie in der Seine-Metropole in selbstgewählter Einsamkeit verbracht, ohne sich jemandem zu zeigen.

Pröll, mit Familie, triumphiert auch bei der Wahl.

Neuer Landeschef muntert zu Mut & Mitarbeit auf
Erwin Pröll löst Siegfried Ludwig als „NÖ-Landeshauptmann" ab

Generationswechsel in Niederösterreich! Am 22. Oktober wird Siegfried Ludwig (65) nach zwölf Dienstjahren vom 45-jährigen Erwin Pröll als Landeshauptmann abgelöst. Schon in seiner Antrittsrede blitzt Prölls Polit-Talent, das ihn Jahrzehnte begleiten wird, auf.

Zwölf Jahre hatte Ludwig regiert. Und mit der Landeshauptstadt St. Pölten, dem Marchfeldkanal sowie dem Startschuss für die künftige Hochschule in Krems positive Akzente für das Land gesetzt.

Nach seiner Blitzkarriere vom Agrarlandesrat zum jüngsten Regierungsmitglied gilt Pröll als „Kronprinz" Ludwigs. „Der am Weihnachtstag in Radlbrunn geborene Weinviertler beeindruckt schon mit seiner im Fernsehen übertragenen Antrittsrede", so „NÖ-Krone"-Chefredakteur Harold Pearson. Prölls Wahlspruch heißt „Niederösterreich zuerst", und seine vier Perspektiven lauten „Öffnen, Erneuern, Vermeiden und Sichern". Unüberhörbar ist dabei die ihm eigene positive Motivation sowie die Aufmunterung der Menschen zu mehr Mut und Mitarbeit.

+ SCHLAGZEILEN 1992 + + + SCHLAGZEILEN 1992 + + + SCHLAGZEILEN 1992

Erfolgsrausch in Rot-weiß-rot ● Sechsmal
Olympia-Rekord

Ganz Österreich ist stolz auf die 21 Medaillen, die unsere Wintersportler bei den olympischen Spielen im französischen Albertville erobern. Petra Kronberger krönt sich mit zwei Goldmedaillen zur Skikönigin und Patrick Ortlieb holt den Sieg in der Königsdisziplin der Herrenabfahrt: Ein neuer Olympia-Rekord ist erreicht!

Nachdem Superstar Petra Kronberger auch im Slalom triumphiert hat, macht sie das US-„TIME"-Magazin sogar zum Cover-Girl. Eine „Springflut" von 20 Medaillen sagten die „Krone"-Berichterstatter voraus, doch selbst die Reporter-Euphorie wird von den Athleten noch übertroffen. Die Österreicher steigern sich in einen wahren Medaillenrausch, werden wieder beste Alpin-

Inferno in der Hofburg! Bei der größten Brandkatastrophe seit dem Weltkrieg kämpfen 400 Feuerwehrmänner in den Morgenstunden des 27. Novembers gegen turmhohe Flammen, die aus den historischen Dächern lodern. Während der Redoutensaal ein Raub des Brandes wird, retten Polizisten zehntausend Bücher aus der Nationalbibliothek und Feuerwehrleute bringen 69 Lipizzaner in Sicherheit. Brandursache: Kabelbrand bei Dreharbeiten zum Lucona-Film.

Krone-Chronik

● Kanzler Vranitzky bestellt drei neue Regierungsmitglieder: Viktor Klima wird Verkehrs- und Michael Ausserwinkler Gesundheitsminister. Brigitte Ederer übernimmt das EG-Staatssekretariat.
● Villach wird Eishockeymeister und die Austria holt sich zum 20. Mal den Fußballtitel.
● In Österreichs Gefängnissen beginnt das Fernsehzeitalter. In jeder Zelle darf ab Juli ein privates TV-Gerät stehen.

Kaiserenkel als TV-Star! Karl Habsburg-Lothringen, 31-jähriger Enkel des letzten österreichischen Kaisers Karl, wird Fernsehstar, nämlich als Präsentator der Quizshow „Who is who". Allerdings bleibt es bei einem Kurzauftritt im Fernsehen.

ÖVP-Kandidat triumphiert klar über Streicher (SPÖ)
Hofübergabe in Hofburg: Erdrutschsieg für Klestil

Kein österreichischer Bundespräsident wurde bis dahin vor seiner ersten Amtszeit von einer so breiten Mehrheit gewählt wie Thomas Klestil. Am 24. Mai erhält der ÖVP-Kandidat im zweiten Wahlgang 57 Prozent der Stimmen – Rudolf Streicher (SPÖ) unterliegt.

Der Wahlsonntag beschert der Volkspartei einen Bombensieg und den Sozialdemokraten eine bittere Niederlage. Denn der als krasser Außenseiter ins Rennen gegangene Berufsdiplomat Klestil schlägt den hochfavorisierten früheren Verkehrsminister Rudolf Streicher klar.

Nachdem Kurt Waldheim darauf verzichtet hatte, sich nochmals um das höchste Amt im Staat zu bewerben, begann eine quälend lange Suche nach geeigneten Kandidaten. Obwohl die ersten Plakate für Klestil missglückt waren, fightete der 59-Jährige ganz im Stil amerikanischer Politiker. Er ging offen auf die Menschen zu, kritisierte die Parteien hart, auch die eigene ÖVP, und punktete mit dem Slogan „Macht braucht Kontrolle".

Am 8. Juli tritt er dann die Nachfolge Kurt Waldheims an.

Hofübergabe: Thomas Klestil folgt Kurt Waldheim

SCHLAGZEILEN 1992 + + + SCHLAGZEILEN 1992 + + + SCHLAGZEILEN 1992 +

Gold, siebenmal Silber und achtmal Bronze ● Österreich ist Skination Nummer 1

mit 21 Medaillen in Albertville!

nation und schneiden auf den Skisprungschanzen am besten ab (fünf von sieben möglichen Medaillen).

Enttäuschung hingegen in anderen Lagern: Liechtensteins Marc Giradelli und Italiens Alberto Tomba, Skikönige vergangener Saisonen, können just bei Olympia nicht glänzen. Und Franz Heinzer, Abfahrtsdominator der letzten Ski-Winter, geht völlig leer aus.

Überschattet wird Albertville vom Tod des Schweizers Nicolas Bochatay. Er kracht beim Einfahren gegen eine Raupe – und stirbt.

Triumph auch in der Königsdisziplin: Patrick Ortlieb gewinnt die Abfahrt vor dem Franzosen Piccard – Bronze geht an Günter Mader.

Olympia-Medaillen der Österreicher

GOLD

Damen-Kombination:	Petra Kronberger
Damen-Slalom:	Petra Kronberger
Herren-Abfahrt:	Patrick Ortlieb
Rodeln Damen-Einsitzer:	Doris Neuner
Skispringen 90m-Schanze:	Ernst Vettori
Viererbob:	Ingo Appelt, Gerhard Haidacher, Harald Winkler, Thomas Schroll

SILBER

Damen-Abfahrt:	Veronika Wallinger
Damen-Riesentorlauf:	Anita Wachter
Damen-Kombination:	Anita Wachter
Rodeln-Damen-Einsitzer:	Angelika Neuner
Rodeln-Herren-Einsitzer:	Markus Prock
Skispringen 120m-Schanze:	Martin Höllwarth
Skispringen 90m-Schanze:	Martin Höllwarth
Skispringen Mannschaft:	Martin Höllwarth, Andreas Felder, Heinz Kuttin, Ernst Vettori

BRONZE

Herren-Abfahrt:	Günther Mader
Herren-Slalom:	Michael Tritscher
Rodeln Herren-Einsitzer:	Markus Schmidt
Skispringen 120m-Schanze:	Heinz Kuttin
Eisschnellauf 3000m:	Emese Hunyady
Nordische Komb., Einzel:	Klaus Sulzenbacher
Nordische Komb., Mannschaft:	Klaus Sulzenbacher, Klaus Ofner, Stefan Kreiner

Gorilla-Filmstar in Ruanda erschossen

Jener halbzahme Berggorilla, der – neben Sigourney Weaver (Foto) – Millionen Kinobesucher begeisterte, wird im zentralafrikanischen Ruanda getötet. Er war 24 Jahre alt und geriet in das Kreuzfeuer von Rebellen der „Patriotischen Front" und Regierungstruppen. Der Streifen „Gorillas im Nebel" war die Geschichte von Dian Fossey, die für die Erhaltung der Berggorillas gekämpft hatte – und 1985 ermordet wurde.

Scheidungsrekord seit 1945

Die Institution Ehe gerät in Österreich ins Wanken. Denn das Statistische Zentralamt meldet die höchste Scheidungszahl seit Kriegsende! Insgesamt gingen 16.391 Ehen in die Brüche. Die Steigerung bringt auch ein weiteres Phänomen ans Licht: Immer mehr junge Paare treten vor allem in Wien vor den Richter.

 + SCHLAGZEILEN 1993 + + + SCHLAGZEILEN 1993 + + + SCHLAGZEILEN 1993

Präsident Clinton inszeniert in Washington viel versprechendes „Shakehands" der

Historischer Handschlag – Rabin

Freitag, 13. September: US-Präsident Clinton mit den einstigen Todfeinden Arafat und Rabin

Ein Hauch von Geschichte weht am Freitag, dem 13. September, über den Rasen vor dem Weißen Haus in Washington: Israels Premier Rabin und PLO-Chef Arafat unterzeichnen nach Jahrzehnten blutiger Auseinandersetzungen und Terroranschläge einen „historischen Friedensvertrag"...

„Dieser Tag soll die Welt verändern", das erhofften sich viele vom symbolträchtigen Shakehands zwischen den einstigen Todfeinden. Das Abkommen sollte kein Akt ohne Illusionen, sondern ein erster Schritt zur stufenweisen Lösung des Nahost-Konflikts sein. „Genug des Blutes und der Tränen", lautet die Hoffnung.

„Der Kampf unseres Volkes wird fortgesetzt. Aber es wird ein Kampf für den Frieden sein", verkündet Jassir Arafat. Unterstützt wird er von US-Präsident Bill Clinton, der sagt: „Aus dem Nahen Osten hören wir den

Topkicker Herzog & Teamchef „Schneckerl"

Bei der Leserwahl der „Krone" gewinnt Favorit Andy Herzog (Bd. u.), der bei Werder Bremen in der deutschen Bundesliga spielt, überlegen den Titel „Fußballer des Jahres". Zweiter wird überraschend Ex-Teamspieler Walter „Schoko" Schachner, der beim DSV Leoben seinen x-ten Fußballfrühling erlebt.

Ein Aufblühen des Nationalteams erhofft sich indes ÖFB-Präsident Beppo Mauhart, der Herbert Prohaska (38) als neuen Teamchef präsentiert. Der beliebte „Schneckerl" folgt somit dem vor dem Jahreswechsel verstorbenen „Wödmasta" Ernst Happel. „Diese Variante hätte ‚Aschyl' (so wurde Happel von seinen Freunden genannt) sicher gefallen", resümiert Fußballpräsident Mauhart.

Krone-Chronik

● Wie Müll laden skrupellose Menschenschmuggler die Leichen von fünf singhalesischen Flüchtlingen auf einem Autobahnparkplatz bei Leobersdorf (Niederösterreich) ab. Die Schlepper entkommen.

● Auf der Fahrt nach Schweden kentert die deutsche Fähre „Jan Heweliusz". 54 Passagiere, unter ihnen acht Österreicher, ertrinken. Die einzigen Überlebenden: zehn Besatzungsmitglieder.

● Politisches Beben: Die 3. Nationalratspräsidentin Heide Schmidt verlässt mit vier Abgeordneten die FPÖ. Sie gründet das „Liberale Forum".

SCHLAGZEILEN 1993 + + + SCHLAGZEILEN 1993 + + + SCHLAGZEILEN 1993 +

einstigen Todfeinde
& Arafat

Schrei nach dem Wunder eines normalen Lebens ..."

Viele heiße Eisen bleiben bei der ersten großen Annäherung aber unangetastet. Was wird aus Jerusalem? Dürfen palästinensische Flüchtlinge zurückkehren? Nur zwei von vielen Fragen, die unbeantwortet bleiben.

Auch wenn Rabin und Arafat im kommenden Jahr mit dem Friedensnobelpreis geehrt werden, der Friede bleibt für viele Israelis und Palästinenser nur ein Wort.

Die „Krone" deckt Mayerling-Krimi auf

Dank der Berichte von Redakteur Georg Markus und seiner Anzeige bei der Polizei wird der „Fall Mayerling" als einer der größten Kriminalfälle geklärt. Ein Linzer Möbelhändler hatte die sterblichen Überreste von Mary Vetsera, Kronprinz Rudolfs Geliebter, aus ihrem Grab gestohlen.

Rocky Horror Show als Pop-Klassiker

Mit Tim Curry (Foto) als „Frank N. Furter" wurde die Verfilmung der „Rocky Horror Show" zum Welterfolg. Das Musical von Richard O'Brien, das im Juni 1973 in London Premiere hatte, feiert auch in Wien sein fulminantes zwanzigjähriges Bühnenjubiläum. Denn die Vereinigten Bühnen nehmen den Jahrestag zum Anlass, das revolutionierende Musikstück, in dem es von der sexuellen Freiheit bis zur lustvollen Grenzenlosigkeit geht, auch wieder in Wien aufzuführen. Wobei die Theatermacher mit einer kaum zu überbietbaren Sensation aufwarten: Ihnen gelingt es, den in England ebenso als Shakespeare-Darsteller umjubelten Tim Curry für Überraschungsauftritte in die Bundeshauptstadt zu bringen. Als Draufgabe wird sogar Musik- und Buchautor Richard O'Brien mehrmals nach Wien geholt. Enthusiastisch begrüßt und feiert das Publikum die „Original-Horror-Show-Gäste" mit ohrenbetäubendem Jubel, begleitet von Wasserpistolenregen, Konfetti und „Time Warp"-Tänzen.

Entfremdet: Nach „Camillagate" leben Diana und Charles getrennt

Perverses Geflüster vom Thronfolger der Briten
Das frivole „Camillagate" entfremdet Diana endgültig

Das Haus Windsor hat schon viele Skandale überlebt. Doch „Camillagate" – ein peinlich frivoles Telefongestammel von Prinz Charles mit seiner Geliebten – empört nicht nur die Briten. Die Welt ist entsetzt ob der blaublütigen Perversion. Diana trennt sich von Charles.

Das von einem Funkamateur 1989 aufgenommene und 1993 veröffentlichte Liebesgestammel des Thronerben mit Camilla Parker-Bowles wird zur Staatsaffäre. Denn die 1574 Worte am Telefon sind ein „Protokoll der Peinlichkeit": Minutenlang wird auf dem Tonband gestöhnt, geschnurrt und geseufzt. Zwischendurch scherzt Charles, der einmal Oberhaupt der Anglikanischen Kirche werden sollte, wie ein Pubertierender, und er wünscht sich, als Camillas Höschen oder als ihr Tampon (!) wiedergeboren zu werden ...

Nur verständlich, dass Prinzessin Diana bei Schwiegermutter Queen Elizabeth vorspricht – und nach zwölf Ehejahren die offizielle Trennung erzwingt.

+ + + SCHLAGZEILEN 1993 + + + SCHLAGZEILEN 1993 + + + SCHLAGZEILEN 1993

„Zar Boris" wehrt Putsch in Russland ab

Jelzin schlägt

Tage der Dramatik in Moskau! Wieder einmal proben kommunistische Stahlhelme den Aufstand gegen „Zar" Boris. Sie setzen ihn kurzerhand gar ab und küren mit Alexander Ruzkoj willkürlich ein neues Staatsoberhaupt. Doch Jelzin, mit der Armee und der Mehrheit des Volkes im Rücken, wehrt den Putsch ab.

Die Vorgeschichte: Im Kampf gegen die Apparatschiks, die seine Politik blockieren, löst Jelzin das Parlament auf, ruft den Ausnahmezustand aus und kündigt Neuwahlen sowie eine de-

Jelzin lässt die Armee auf das „Weiße Haus" feuern: Dort haben sich die Aufständischen verschanzt.

30.000 Todesopfer bei Beben in Indien

Beim verheerendsten Erdbeben in Südostasien seit 50 Jahren werden im indischen Bundesstaat Maharashtra mehrere Städte völlig zerstört. Etwa 30.000 Menschen kommen ums Leben. Da es im Katastrophengebiet keine Ärzte, zu wenig Nahrung und kaum Brennholz zur Einäscherung der Leichen gibt, brechen Seuchen aus.

Krone-Chronik

● Mit einer Horror-Statistik wird in Berlin der AIDS-Kongress eröffnet: Weltweit kommt es alle 15 Sekunden zu einer Infektion. 1993 haben 14 Millionen Menschen das Todesvirus im Blut, 2013 bereits 35 Millionen.

● Österreichs Staatskonzerne rutschen immer tiefer in die roten Zahlen: Allein die „Austrian Industries" setzen jährlich 2,6 Milliarden Schilling (200 Millionen Euro) in den Sand.

● Bei der größten Razzia der 2. Republik sprengen Hunderte Polizisten die chinesische Schlepper-Mafia. 70 Menschenhändler werden verhaftet.

Herzblatt nun mit Fendrich

Österreichs Liedermacher Rainhard Fendrich wird Moderator und übernimmt von „Alt-Star" Rudi Carrell die Fernseh-Kuppelserie „Herzblatt". Wie sein schelmenhaftes Lächeln auf dem Foto beweist, findet „Raini" sichtlich Gefallen daran. Er moderiert die Serie bis 1997 insgesamt 121 Mal und meint: „Ich bin froh, dass es in Zeiten der Scheidungsshows eine so positive Sendung gibt, in der Leute einander kennenlernen wollen." Übrigens: Fendrich lässt sich 2003 nach fast zwanzig Jahren Ehe von seiner Frau Andrea scheiden.

SCHLAGZEILEN 1993 + + + SCHLAGZEILEN 1993 + + + SCHLAGZEILEN 1993 +

● Panzergranaten gegen das Parlament
Aufstand nieder

mokratische Verfassung an.

Darauf überschlagen sich die Ereignisse: Seine Gegenspieler unter Ruslan Chasbulatow setzten Jelzin ab. Sie verurteilen ihn zum Tode und ernennen seinen früheren Vize, Alexander Ruzkoj, zum Staatschef.

Jetzt setzt „Zar Boris" eine historische Entscheidung: Er lässt von loyalen Elitetruppen der Armee einen Blockadering um das „Weiße Haus", den Sitz des aufständischen Parlaments, errichten. Panzerdivisionen und Luftlandetruppe werden nach Moskau beordert. Mit Unterstützung des eigenen Volkes, sämtlicher westlichen Regierungen sowie der Armee gelingt es, Demonstrationen Ewiggestriger niederzuschlagen. Jelzin erringt wieder die Macht und er ersetzt sämtliche Ex-Kommunisten mit Vertrauten.

300.000 Österreicher sind alkoholabhängig

Der Obmann der Anonymen Alkoholiker schlägt Alarm: Nach Schätzungen sind in Österreich 300.000 Menschen von geistigen Getränken abhängig und weitere 650.000 wegen Missbrauchs akut gefährdet. Zudem fehle es an mobilen Beratungsstellen, Vorbeugungsmaßnahmen und an Informationsmaterial, so die Kritik.

Märchen bei Kaiserwetter! So wird die Traumhochzeit des österreichischen Kaiserenkels Karl Habsburg-Lothringen mit der Industriellentochter Francesca Tyhssen-Bornemisza im tiefverschneiten Mariazell von den Adabeis genannt. Gesellschaftsjournalisten aus aller Welt berichten vom Traum in Weiß, in dem der Geschichtsadel auf den Geldadel trifft. Zehn Jahre später lebt das Traumpaar getrennt.

Spielbergs Thriller erfolgreichster Film aller Zeiten
Jurassic Park: Saurierfieber!

Für ein weltweites „Dinosaurier-Fieber" sorgt Steven Spielbergs Thriller „Jurassic Park". Binnen weniger Wochen wird der Streifen zum erfolgreichsten Film aller Zeiten – und spielt 1,245 Milliarden Schilling (90 Mio. €) ein.

Der utopische Blockbuster beruht auf dem gleichnamigen Roman von Michael Crichton. In dem Science-Fiction-Epos geht es darum, dass mittels Gen-Technologie paläontologische Sensationen geschaffen werden. Dank perfekter High-Tech-Apparaturen werden die Urweltriesen, die unseren Planeten vor 65 Millionen Jahren beherrschten, auf der Leinwand nahezu zum Leben erweckt.

Ariana Richards (14) alias Lex wird über Nacht zum Megastar. Als Draufgabe heimst der Film bei der nächsten Oscar-Nacht gleich drei Trophäen ein. Zudem werden Bernsteineinschlüsse – im „Jurassic Park" geheimnisumwittert – zum Verkaufshit auf Fossilienbörsen.

Beklemmende Saurierangst auch unterm Auto

Schon 400.000 Frühpensionisten

Im Juni überschreitet die Zahl jener Österreicher, die wegen Invalidität, Berufs- beziehungsweise Erwerbsunfähigkeit in Frühpension gegangen sind, erstmals die 400.000er-Grenze. Die Daten lösen speziell bei Gesundheitspolitikern und Krankenversicherern Alarm aus, da die Tendenz als „stark steigend" beschrieben wird.

+ + + SCHLAGZEILEN 1993 + + + SCHLAGZEILEN 1993 + + + SCHLAGZEILEN 1993

Der Altersunterschied von 28 Jahren hindert US-Tennisstar André Agassi (23) keineswegs daran, eine Affäre mit der weltberühmten Schauspielerin Barbra Streisand (51) einzugehen. Auch dass die Öffentlichkeit diese Liebe für eine Marotte der exzentrischen Miss Streisand hält, deren Sohn drei Jahre älter ist als ihr Geliebter, stört den Wimbledonsieger nicht. Allerdings kostet die Affäre Kraft: Agassi stürzt auf Platz 24 der Weltrangliste ab.

Flüchtiger Bankräuber tötet Inspektor

Polizistenmörder

Nachdem er eine Wiener Bank überfallen hat, feuert der Räuber auf offener Straße auf einen Polizisten. Während der tödlich getroffene Inspektor zusammenbricht, stürmt der Verbrecher in ein Kindermodengeschäft und nimmt drei Frauen sowie ein Kind als Geiseln. Nach sechs Stunden endet das Döblinger Geiseldrama blutig ...

Als Funkstreifenbeamte am Tatort eintreffen, schießt der Kidnapper auch auf sie. Die Gegend rund um die Döblinger Hauptstraße wird hermetisch abgeriegelt. Der Maskierte verlangt eine Million, ein Fluchtauto und freies Geleit. Verhandlungsleiter Fritz Maringer telefoniert gerade mit dem Unbekannten, da droht das Gespräch zu kippen: Aus dem Radio erfährt der Geiselgangster, dass der angeschossene Polizist, Gerhard Rippl, verstorben ist. Nun hat er nichts mehr zu verlieren! Oberst Maringer schafft es in nervenaufreibenden Telefonaten, dass der Mann alle Geiseln freilässt.

Brandanschlag in Solingen schockt Europa ● Zwei Frauen und drei Kinder getötet

Skinhead-Attentat auf Türken in Deutschland

Tränen des Entsetzens löst ein mörderischer Brandanschlag im nordrhein-westfälischen Solingen auf ein von Türken bewohntes Haus aus: Zwei Frauen und drei Kinder sterben! Vier Skinheads der rechtsradikalen Szene werden als Brandstifter ausgeforscht.

Nur ein halbes Jahr nach den Morden von Mölln – eine türkische Großmutter und zwei Enkeltöchter kamen bei einem ähnlichen Neonazi-Feueranschlag ums Leben – schockt das neuerliche Drama Deutschland.

Noch während die 14 überlebenden Anschlagsopfer im Spital verarztet werden, gelingt es der Polizei, die vier Attentäter auszuforschen und zu verhaften: Glatzköpfe, so genannte „Skinheads", im Alter zwischen 16 und 23 Jahren. Sie sind Angehörige der rechten Szene, die wegen der tristen wirtschaftlichen Lage in den neuen Bundesländern immer mehr Anhänger findet.

Die Trauergemeinde vor der Brandruine in Solingen

Die Noricum-Waffenaffäre geht auch politisch zu Ende: Altkanzler Fred Sinowatz (64) und der frühere Außenminister Leopold Gratz (64) werden freigesprochen. Und im Wesentlichen finden die Geschworenen auch Ex-Innenminister Karl Blecha (60) für schuldlos. Er wird nur wegen illegaler Weisungen zu neun Monaten bedingter Haft verurteilt. Blecha, Gratz und Sinowatz (im Foto v.l.n.r.) bleiben dabei: Sie hatten von den Hintergründen um den illegalen Export der GHN-45-Kanonen der VOEST-Tochter Noricum in den Iran keine Ahnung. Die Laienrichter glauben ihnen – Freispruch!

SCHLAGZEILEN 1993 + + + SCHLAGZEILEN 1993 + + + SCHLAGZEILEN 1993 +

Kronen Zeitung

eiskalt mit Herzschuss ● Dann nimmt Verbrecher drei Frauen und Kind als Geiseln

stirbt im Kugelhagel der „WEGA"

Als der Kriminalist den Räuber zur Aufgabe bewegen will, schießt dieser ohne Vorwarnung auch auf ihn. Ein Engel rettet den Oberst: Denn das Projektil bleibt im Handy, das er in seiner Brusttasche trägt, stecken!

Sekunden später durchsieben Dutzende Scharfschützen der Eliteeinheit WEGA das Geschäft mit 1400 Kugeln, um ihrem Kollegen Feuerschutz zu geben. Währenddessen jagt sich der 41-jährige Polizistenmörder Robert Sedlacek (41) selbst eine Kugel in den Kopf.

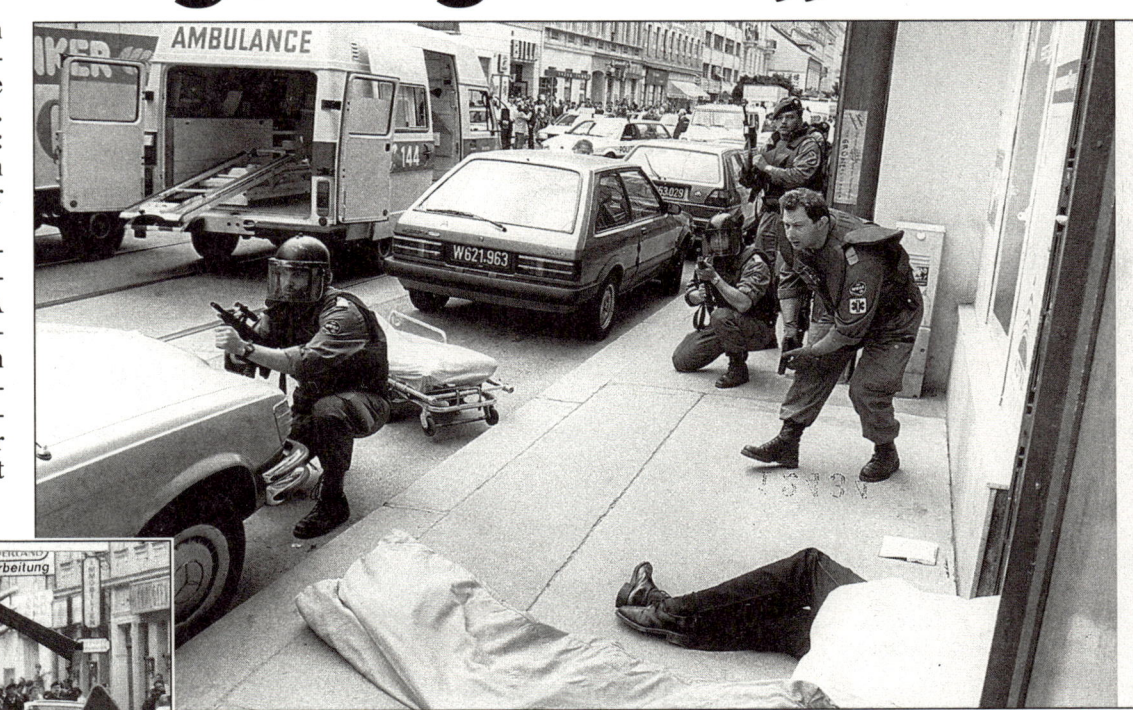

Polizisten feuern auf den Räuber, während der angeschossene Kollege vor ihnen liegt.

Maringer bricht zusammen – ein Projektil bleibt im Handy (Foto) stecken; oben die durchsiebte Scheibe

Nur noch mit Sitz oder Gurt dürfen Kinder unter zwölf Jahren und mit einer Größe unter 150 Zentimeter künftig befördert werden. Baby-, Kindersitz oder Sitzpolster sind obligatorisch. Auslöser für das Gesetz war die schockierende Unfallbilanz 1992: 1700 Kinder verunglückten als Mitfahrer im Auto, 19 von ihnen tödlich.

Krone-Chronik

● Karl Kahane (73), reichster Mann Österreichs (Vermögen 24 Milliarden Schilling, rund 1,74 Milliarden €), stirbt in Venedig.

● Bei der Chaos-WM im japanischen Morioka erringen Österreichs Alpine acht Medaillen. Einzige „Goldene": Karin Buder siegt im Slalom.

● Der ehemalige FPÖ-Parteichef und Vizekanzler der rot-blauen Koalition, Dr. Norbert Steger, verlässt die Partei, da es in der FPÖ keinen Lebensraum mehr für Liberale gebe.

● Nach Niederlagen bei Auswärtsspielen gegen Finnland und Schweden fährt der Zug unserer Nationalelf zur Fußball-WM in Amerika 1994 ab.

● Aus Rache dafür, dass sie seit Monaten verfolgt wird, lässt die Mafia in Florenz (Italien) vor den Uffizien eine Bombe hochgehen: fünf Tote, 30 Verletzte.

SCHLAGZEILEN 1993 + + + SCHLAGZEILEN 1993 + + + SCHLAGZEILEN 1993

„Bajuwarische Befreiungsarmee" erschüttert mit dem Versand

Briefe als Boten des

◀ *Pfarrer Janisch wurde bei der Explosion einer Briefbombe ebenso verletzt wie Moderatorin Silvana Meixner (k. B).*

Mitten in der Vorweihnachtszeit erschüttert eine unheimliche Serie feiger Briefbomben-Anschläge die Republik. Als prominentestem Opfer wird Wiens Bürgermeister Helmut Zilk die linke Hand zerfetzt, er verliert zwei Finger! Eine „Bajuwarische Befreiungsarmee" bekennt sich zum fremdenfeindlich motivierten Terror!

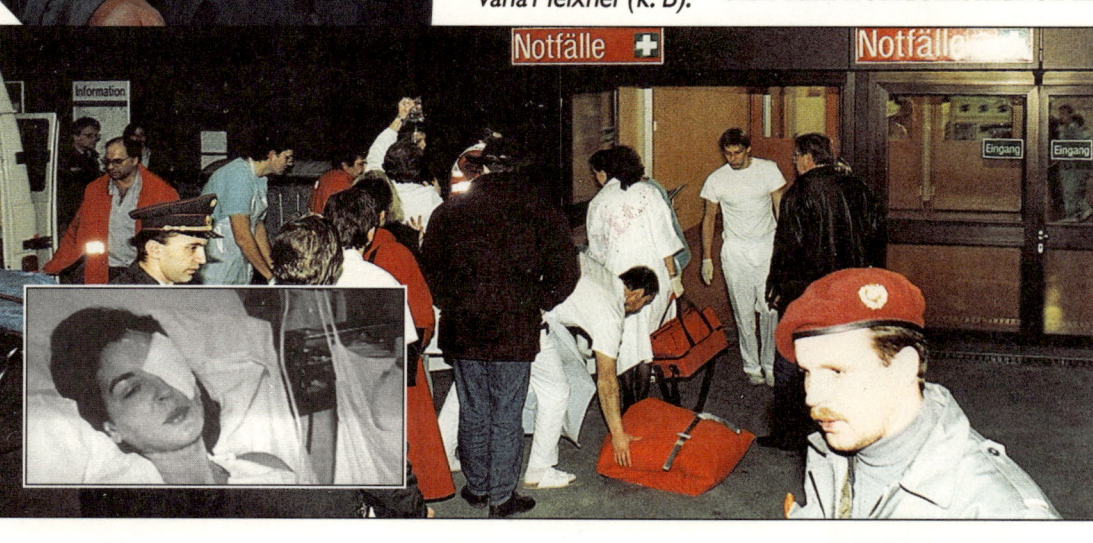

Silvana Meixner, Moderatorin der Sendereihe „Heimat, fremde Heimat", öffnet in der ORF-Minderheitenredaktion ein unscheinbares Kouvert. Sie wird so am 3. Dezember erstes Opfer des Briefbombenterrors: Ein greller Blitz, ein ohrenbetäubender Knall – die gebürtige Kroatin bricht blutüberströmt zusammen.

Nahezu zeitgleich reißt Pfarrer August Janisch in seiner Kanzlei im steirischen Hartberg einen Brief auf. Eine gewaltige Explosion, der Priester wird schwer verletzt.

Unheimliche Todesserie ● Gleich zwei Zugunglücke innerhalb von nur fünf Tagen:

„Unstern" über der ÖBB: 6 Tote und 60 Verletzte

„Menschliches Versagen". Zweimal innerhalb von fünf Tagen führt das Fehlverhalten zweier Lokführer zu Zugunglücken: In Melk (NÖ) dachte der eine (24) an seine Freundin und vergaß zu bremsen, der andere (22) hatte ein Blackout und überfuhr ein Haltesignal.

Am 13. Februar prallt in Melk ein Güterzug gegen einen aus Salzburg kommenden Eilzug. Sekunden später gleicht der Bahnhof einem Schlachtfeld: Zerfetzter Stahl, verbogene Gleise und markerschütternde Schreie der Opfer: Drei Eisenbahner sterben eingekeilt in den Trümmern, 21 Verletzte werden in Spitäler eingeliefert.

Inmitten der Diskussion um die Ausbildung und Arbeitsbedingungen der Lokführer sowie die technischen Sicherheitseinrichtungen erschüttert ein weiteres Unglück Österreich.

In Wien-Hütteldorf kracht ein Regionalzug frontal gegen eine Schnellbahngarnitur: Wieder sterben drei Menschen, 39 Fahrgäste erleiden schwere Verletzungen.

Züge donnern jetzt erstmals mit Tempo 200 über Westbahnstrecke

Erstmals in der österreichischen Eisenbahngeschichte können Reisezüge ab März auf der Westbahnstrecke – vorerst zwischen Linz und Wels – mit 200 Stundenkilometern über die Schienen donnern. Möglich wird dies durch ein völlig neues, computergesteuertes Leitsystem. Die innovative Modernisierung soll künftig auch Zugkatastrophen wie in Melk oder in Wien-Hütteldorf verhindern.

Unglücksort Melk – Bergepanzer werden eingesetzt

SCHLAGZEILEN 1993 + + + SCHLAGZEILEN 1993 + + + SCHLAGZEILEN 1993 +

von neun Höllenmaschinen die Republik ● Bürgermeister Zilk überlebt Attentat

Terrors!

48 Stunden später erledigt Helmut Zilk in seiner Wohnung Privatpost. Er öffnet den verhängnisvollen Brief. Der Sprengsatz zerfetzt seine Hand. Tage schwebt der Bürgermeister in Lebensgefahr. Die vierte Briefbombe verletzt in Wien die Sekretärin (18) eines Anwalts, der den islamischen Ausländerhilfsverein vertritt.

Fünf weitere Sprengfallen – adressiert an Caritas-Präsident Schüller, Frauenministerin Dohnal, ein Ausländer-Arbeitsvermittlungsbüro, einen slowenischen Kulturverein und an Minderheitensprecherin Stoisits – werden entschärft. Die Staatspolizei ist völlig ratlos.

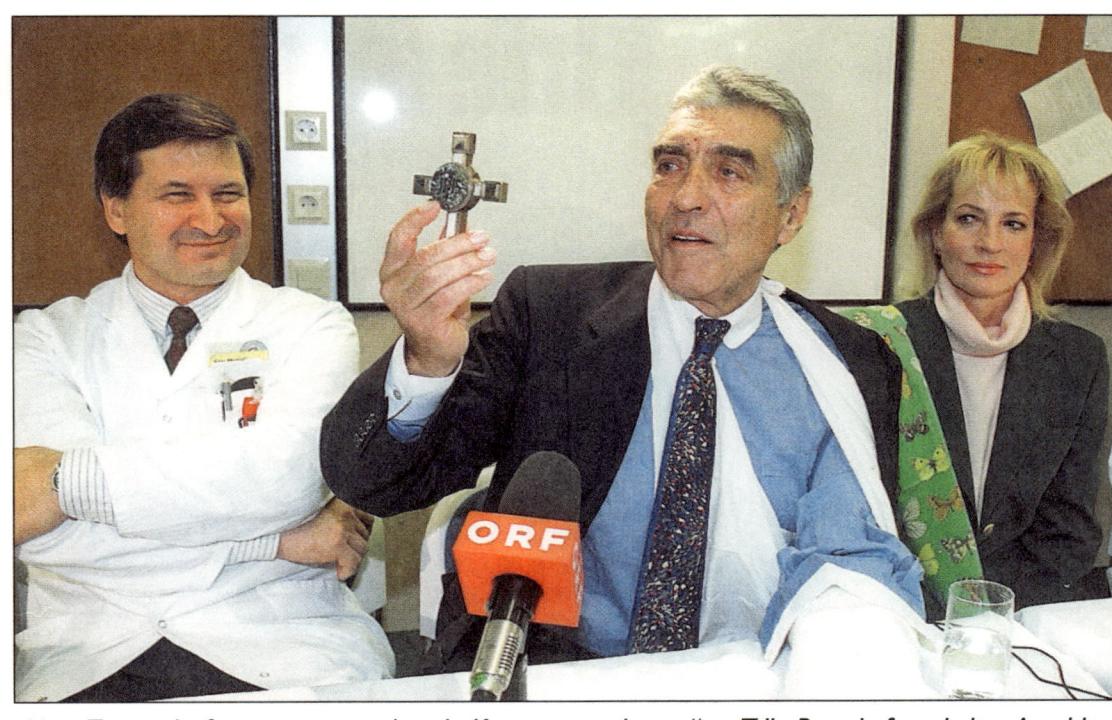

„Vom Terror dürfen wir uns niemals in die Knie zwingen lassen", so Zilks Botschaft nach dem Anschlag.

Der Duft der Frauen *wird Hollywood-Star Al Pacino – hier in der berühmten Tanzszene mit Gabrielle Anwar – keineswegs zum Verhängnis, sondern beschert ihm seinen bisher einzigen Oscar. Der Superstar mimt im gleichnamigen Film einen erblindeten Offizier, der noch einmal in einem New Yorker Luxushotel eine berauschende Nacht mit dem heißesten Callgirl genießt. Als bester Film wird übrigens Clint Eastwoods Edelwestern „Unforgiven" („Erbarmungslos") ausgezeichnet. Raubein Eastwood, der auch die Hauptrolle spielt, wird zudem zum besten Regisseur des Jahres 1993 gekürt.*

Massaker in Somalia 30 Blauhelme getötet

Nicht zuletzt wegen der eindringlichen Warnung der „Krone" wird die österreichische Beteiligung am UNO-Einsatz in Somalia gestoppt. Im Juni zeigt sich auf tragische Weise, wie richtig die Entscheidung war: Somalische Räubermilizen locken Blauhelme in eine Falle und richten ein Blutbad mit 30 Toten und 70 Verletzten an – das größte Massaker in der Geschichte der UNO.

Bombenanschlag im „World Trade Center"

Islamische Terroristen schockieren am 26. Februar die USA: Die Fanatiker deponieren im New Yorker World Trade Center eine 200-Kilo-Bombe in einem Lieferwagen und lassen die Höllenmaschine mitten zur Geschäftszeit in der Tiefgarage des vollbesetzten Wolkenkratzers explodieren. Der Anschlag fordert fünf Tote sowie 700 Verletzte und lässt Amerika vor weiteren Attentaten zittern . . .

*„****Frühstück bei Tiffany****" (Foto) war nach dem Oscargewinn (1953) der größte Erfolg für Audrey Hepburn. Neben ihren unvergleichlichen Leistungen als Schauspielerin mit Charme und Charisma widmete sich die Grand Dame des Films in den letzten Jahren ihres Lebens als UNICEF-Botschafterin hungerleidenden Kindern. Der Star mit österreichischen Wurzeln – ihre Großmutter war Wienerin – stirbt nach langem Krebsleiden.*

+ SCHLAGZEILEN 1994 + + + SCHLAGZEILEN 1994 + + + SCHLAGZEILEN 1994

Als einzige Mutter im Weltcup-Zirkus prallt Doppelweltmeisterin mit 105 km/h

Ulli Maier rast in den

Am 29. Jänner kurz vor 14 Uhr hält Sport-Österreich den Atem an: Denn das Fernsehen überträgt „live", wie die Doppelweltmeisterin Ulli Maier bei der Kandahar-Abfahrt in Garmisch-Partenkirchen (Bayern) in den Tod rast! Die einzige Mutter im Skizirkus krachte gegen einen völlig ungesicherten Holzpfosten, der die Zeitnehmung abschirmen sollte.

Ulli Maier ▶ mit ihrer abgöttisch geliebten Melanie. Bei ihrer ersten Weltmeisterschaftsfahrt im Super-G hatte die Salzburgerin das Kind schon unterm Herzen getragen. – Vorm Bildschirm musste die Vierjährige dann den Todessturz ihrer Mama mitansehen. ◀

Die letzte Zwischenzeit zeigt gleichzeitig Ullis Todesminute an: Denn nachdem es ihr bei 105 Stundenkilometern einen Ski weggerissen hat, verschneidet sie auf der pickelharten Piste und kracht gegen einen Holzpflock. Millionen TV-Zuseher, Freunde, Verwandte, sogar Töchterlein Melanie müssen mitansehen, wie es der 23-Jährigen den Helm vom Kopf reißt und sie im Schnee liegen bleibt – reglos. Ulli wird zwar noch mit dem Helikopter in die Klinik Murau geflogen, doch in Wirklichkeit ist alles vergebens: Genickbruch! Ulli war auf der Stelle tot, da der Holzstock – entgegen den Vorschriften – nicht angesägt war.

„Das war Mord", klagt ihr Vater, der die erfolgreiche Tochter bei ihrem Triumph in Vail noch in Lederhosen und mit der Ziehharmonika lautstark angefeuert hat. Verzweiflung, Zorn und Trauer machen ihn zu einem gebrochenen Mann. Auch Ullis Lebensgefährte und Vater der gemeinsamen Tochter, Hubert Schweigho-

Zwölf Mädchen im „Horror-Haus" ermordet

Im englischen Gloucester werden der neunfache Vater Frederick West (52) und seine Frau Rose als Massenmörder verhaftet: Unter der Terrasse, im Keller und in Zwischenwänden hat das Paar die Leichenteile von zwölf Opfern, allesamt Mädchen, versteckt. In der aufwändigsten Hausdurchsuchung der Geschichte Großbritanniens, die neun Monate dauert, kommt die Wahrheit ans Licht. Eingemauerte, vergrabene und verbrannte Leichenteile werden zusammengetragen. Eines der ermordeten Mädchen ist Wests seit 1986 abgängige Tochter Heather. Das Ehepaar hatte preisgünstig Zimmer vor allem an jugendliche Ausreißerinnen vermietet. So gingen die Ahnungslosen dem Mörderduo ins Netz. Sie wurden missbraucht, getötet und verscharrt. Die Polizei-Suche macht das Haus zum „Rummelplatz des Grauens". Noch vor Prozessbeginn erhängt sich Frederick West, seine Frau wird dann zu lebenslanger Haft verurteilt.

SCHLAGZEILEN 1994 + + + SCHLAGZEILEN 1994 + + + SCHLAGZEILEN 1994 +

Kronen Zeitung UNABHÄNGIG

gegen Holzpflock:
Ski-Tod
fer, ist verzweifelt. Vor Gericht erkämpft er fünf Millionen Schilling (363.000 €) Sühnegeld für Melanie – doch das Geld kann die geliebte Mama nicht ersetzen.

Die drei Tenöre, Luciano Pavarotti (58), José Carreras (54) und Placido Domingo (53) geben vor dem Finale der Fußball-WM in den USA im Dodger Stadium von Los Angeles ein Konzert der Superlative. Via TV verfolgen zwei Milliarden Zuseher die Tenöre, bevor erstmals in der Fußballgeschichte ein Elfmeterkrimi entscheidet: Brasilien besiegt Italien 3:2.

Estnische Fähre sinkt binnen Minuten vor finnischer Insel Utö
Ostsee-Drama: 852 Todesopfer beim Untergang der „Estonia"

Eine tödliche Kombination von Fehlern führt in der Ostsee vor der finnischen Insel Utö zum größten Schiffsunglück der europäischen Nachkriegsgeschichte. Bei schwerer See und bei viel zu schneller Fahrt bricht die viel zu schwache Bugklappe: Wasser dringt ein...

In der Nacht zum 28. September läuft die 155-Meter-Fähre von Tallinn mit Kurs auf Stockholm aus. Bei Sturm mit acht Meter hohen Wellen gerät das 15.556 Bruttoregistertonnen-Schiff in Seenot. Trotz rauer See verringert der unerfahrene Kapitän die Fahrt nicht.

So bricht gegen ein Uhr das Bugvisier, und gewaltige Wassermassen strömen ungehindert in den Schiffsrumpf ein. Die „Estonia" bekommt Schlagseite und beginnt zu sinken. Da der Notruf über Lautsprecher nur Estnisch und nicht in schwedischer Sprache durchgegeben wird, versteht der Großteil der schwedischen Passagiere die Anweisung nicht.

Lediglich 126 Menschen überleben bei eisiger See. In den folgenden Jahren tauchen immer wieder Verschwörungstheorien auf, die einen Anschlag hinter dem Untergang vermuten, doch beweisen lässt sich keine.

Mit der 1980 in Deutschland vom Stapel gelaufenen „Estonia" gehen 852 Passagiere unter.

Krone-Chronik

● Thomas Stangassinger im Slalom und Emese Hunyady im Eisschnelllauf (1500 Meter) holen die einzigen beiden Goldmedaillen bei den Olympischen Spielen von Lillehammer (Norwegen).

● Susanne Lugner, Ex-Frau des Wiener Baumeisters, stirbt im 37. Lebensjahr an den Folgen einer Schönheitsoperation. Sie lag zuvor vier Monate lang im Koma.

● Der Frauenmörder Karl Otto Haas tötet während eines Häfenurlaubs in Wien den 13-jährigen Sohn seiner Freundin im Blutrausch mit 60 Messerstichen. Auf der Flucht wird Haas von einem Gendarmen erschossen.

● Ein Tscheche stiehlt aus dem Wiener Naturhistorischen Museum präparierte Käfer. Der 35-Jährige verkauft die wertvollen Tiere der Gattung „Carabus" und verdient Millionen. Die Sammlung ist somit um die Erde verteilt.

+ SCHLAGZEILEN 1994 + + + SCHLAGZEILEN 1994 + + + SCHLAGZEILEN 1994

„Häfenpoet" Jack Unterweger begeht nach dem Urteil Selbstmord ● Somit wird

Serienmorde an Prostituierten:

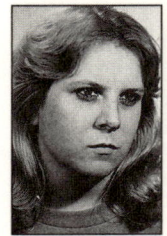

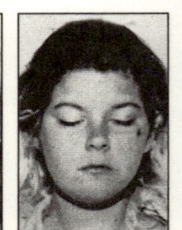

Die Chronologie der Frauenmorde: Bianca Bockova 15.9.1990 (Prag), Brunhilde Masser 26.10.1990 (Graz), Heidi Hammerer 5.12.1990 (Bregenz), Silvia Zagler 8.4.1991 (Wien), Sabine Moitzi 16.4. 1991 (Wien), Karin Slatky-Eroglu 7.5.1991 (Wien); Shannon Exley 19.6.1991 (Los Angeles), Irene Rodriguez 29.6.1991 (Los Angeles), Sherry Ann Long 6.7.1991 (Los Angeles).

Nach einem Frauenmord frühzeitig auf Bewährung entlassen, tritt „Häfenpoet" Jack Unterweger im „Club 2" auf – und lässt sich als Autor feiern. Tatsächlich verbirgt sich hinter der Fassade des umjubelten, resozialisierten Gefängnisliteraten offenbar ein Prostituierten-Hasser. Auf seiner spektakulären Flucht wird der 43-Jährige 1992 in den USA verhaftet. Zwei Jahre später das Urteil: Geschworne sprechen „Jack" als neunfachen Prostituierten-Mörder schuldig!

Lebenslang lautet der Schuldspruch! Ein Entscheid, der allerdings nur kurz seine Gültigkeit behält: In der Nacht nach der Verkündung des „Wahrspruchs" setzt Unterweger seinem Leben ein Ende: Er erhängt sich in der Gefängniszelle mit einer zu einem Henkersknoten geknüpften Kordel. Kurioserweise also mit demselben Knoten, mit dem auch die Prostituierten erdrosselt wurden. Egal; denn mit dem Tod des Beschuldigten endet auch das Verfahren – das Urteil wird nie mehr rechtskräftig.

Folglich hat für Unterweger weiterhin die Unschuldsvermutung zu gelten: Auch posthum! „Es bleibt dem ‚Häfenpoeten' von Gesetzes wegen erspart, als Massenmörder in die Kriminalgeschichte einzugehen", so Peter Grotter, Leiter der „Krone"-Gerichtsredaktion.

Klestils Liaison mit Büroleiterin als „Tratschthema Nr. 1"

Liebesaffäre in Wiener Hofburg

Das im Wahlkampf noch „heile" Privatleben von Bundespräsident Thomas Klestil schwimmt nach der peinlichen Aufdeckung seiner Liaison mit seiner engsten Büromitarbeiterin den Bach hinunter.

Die pikante „Staatsoperette" fliegt im Jänner auf: Thomas Klestil (61) hatte schon geraume Zeit ein Verhältnis mit der 39-jährigen Diplomatin und Wahlkampfleiterin Margot Löffler. Als sich das Staatsoberhaupt dann auch noch zwischen seiner Ehefrau Edith und der jüngeren Nebenbuhlerin hin- und hergerissen zeigt, spotten Kommentatoren offen über das „Liebesnest in der Hofburg". Vor allem im bürgerlich-konservativen Teil seiner Wählerschaft richtet die „Causa Prima" enormen Image-Schaden an. Monatelang ist das Privatleben der höchsten Autorität des Landes „Tratschthema Nr. 1".

▲ Edith Klestil (re.) ahnte lange nicht, dass die Frau im Hintergrund, Margot Löffler, Nebenbuhlerin ist. Wahlkampf: heile Ehe wird vorgespielt. ▶

SCHLAGZEILEN 1994 + + + SCHLAGZEILEN 1994 + + + SCHLAGZEILEN 1994 +

der Urteilsspruch gegen ihn nie rechtskräftig...
„Jack" erhängt sich!

◀ *Das Ende der Flucht in die USA: Unterweger wird im Mai 1992 in Miami (Florida) verhaftet. Als geläuterter „Häfenpoet" narrte er die Sicherheitsexperten. – Während des Prozesses in Graz präsentierte sich „Jack" sehr gelassen.* ▶

Im Sensationsprozess, der auf Indizien und Gutachten aufbaute, ging es sogar um elf Prostituiertenmorde, die Unterweger angelastet wurden. Der Angeklagte gab sich gelassen und parierte die Vorwürfe, schuld am Tod von Dirnen in Wien, Graz, Bregenz, Prag und Los Angeles zu sein.

Erst als Gutachter aussagten, geriet „Jack" bedrohlich ins Fadenkreuz der Staatsanwälte. So sprach FBI-Agent Greg McCrary über das Phänomen der Serientäterschaft: „Alle Frauen wurden mit hoher Wahrscheinlichkeit von ein und demselben Täter getötet."

Dann präsentierte man Fasern, die bei einem Mordopfer gefunden wurden: Sie waren ident mit den Fasern von Unterwegers Schal und Hose! Schließlich erklärte Gerichtsmediziner Richard Dirnhofer, dass ein Haar, das in Unterwegers Auto sichergestellt worden war, zu 99,9999 Prozent von einer in Prag erdrosselten Prostituierten stammt...

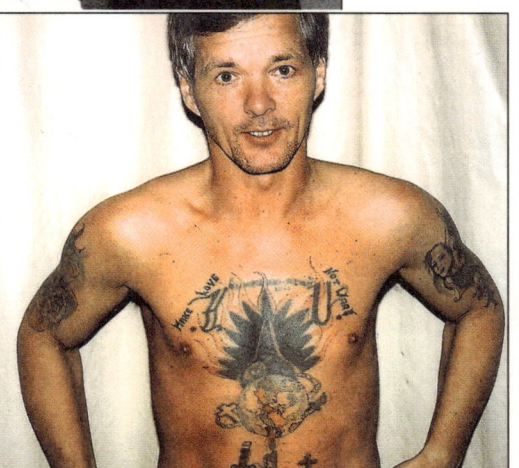

Polizeipanne peinlich
Einbruch in der Vranitzky-Villa

Vor den Augen zweier Beamter der hochspezialisierten Anti-Terroreinheit „Cobra", die zum Schutz der Bundeskanzler-Villa abkommandiert ist, dringen Einbrecher über die Hinterseite in das Privatdomizil von Franz Vranitzky ein. Sie erbeuten im Anwesen in Wien-Landstraße Schmuck im Wert von 200.000 Schilling (14.500 Euro).

„Zeichen der Kultur"
„Heilige" Titel bleiben erhalten

Die Beamtengewerkschaft hat sich durchgesetzt: Die „heiligen" Amtstitel werden nicht – wie von Staatssekretär Peter Kostelka geplant – abgeschafft. Die Herren „Hofrat", „Fachoberinspektor", „Oberamtsassistent" etc. bleiben uns erhalten. Sie sind laut Beamtenvertreter „schließlich ein Stück Kultur unseres Landes".

Prüferin bestochen
Maturaskandal: 400 Schummler!

Knapp 400 Absolventen einer Wiener Maturaschule haben für gefälschte Zeugnisse bezahlt, um die Reifeprüfung zu bestehen. Die Schulleiterin gibt zu, die oberste Prüferin bestochen zu haben. Pikant: Unter den „Kunden" findet sich auch die Tochter des Wiener Polizeipräsidenten – „Leere Anschuldigungen", so Vater Günther Bögl.

SCHLAGZEILEN 1994 + + + SCHLAGZEILEN 1994 + + + SCHLAGZEILEN 1994

Star steht unter Verdacht, Ex-Frau und deren Liebhaber
Jagd auf Simpson live

O. J. Simpson, seine Ex-Frau und Kinder

„Reality-TV pur" in den USA! Millionen Amerikaner verfolgen „live", wie der wegen Doppelmordes gesuchte Football- & Filmstar O. J. Simpson von der Polizei über die Autobahnen von Los Angeles gejagt wird – bis ihn Freunde überreden, die Flucht aufzugeben. Es ist die erste „Helikopter-Jagd", die in Echtzeit übertragen wird.

Nicole Simpson, Ex-Frau des Kinohelden O. J. Simpson („Die nackte Kanone"), und ihr Liebhaber Ronald Goldman werden erstochen. Die Tatort-Beweise gegen den Schauspieler sind erdrückend: blutbefleckte Kleidung in der Waschmaschine, blutbesudelte Autositze, und auch die Mordwaffe ist ein Messer, das O. J. selbst gekauft hat.

Als der Staatsanwalt Mordanklage erhebt, flüchtet O. J. zum Grab seiner Frau, um sich dort zu erschießen. Doch dann verlässt ihn der Mut, er will untertauchen. Auf der Flucht verfolgt Simpson bald ein Pulk von 23 Streifenwagen. CNN schickt Helikopter los und liefert die Verfolgungsjagd des Ford Bronco live in die Haushalte. Erst als ihn Freunde via Radio anflehen, gibt der Verdächtige auf.

Entzückend Baby! Dieser Spruch, die Glatze, der Lollipop und seine Rolle als „Kojak" in der TV-Serie „Einsatz in Manhattan" hatten ihn weltberühmt gemacht. Am 22. Jänner stirbt Telly Savalas einen Tag nach seinem 70. Geburtstag an Krebs. Als Sohn griechischer Eltern kam er nach Amerika und wurde im Kinoklassiker „Das dreckige Dutzend" zum Star.

Senna – Todescrash mit 300 km/h

Zwölf Jahre war die Formel 1 von tödlichen Unfällen verschont geblieben. 1994 wird zum schwärzesten Jahr der Renngeschichte. Die Negativserie nimmt am 21. April ihren Lauf: Der Salzburger Roland Ratzenberger (31) rast beim Abschlusstraining zum Grand Prix von Imola in die Begrenzungsmauer. Er stirbt. 24 Stunden später kommt der schnellste Mann der Welt ums Leben: Ayrton Senna. Erschreckende Parallelen zu Ratzenbergers Unfalltod: Auch Senna donnerte mit mehr als 300 km/h in die Mauer der Tamborella-Kurve (Fotos). Der dreifache brasilianische Weltmeister (34) wird ebenso in hoffnungslosem Zustand ins Spital eingeliefert und erliegt seinen Verletzungen. Nach der Doppeltragödie kracht der Tiroler Karl Wendlinger in Monaco gegen die Leitplanken – er springt dem Tod von der Schaufel …

SCHLAGZEILEN 1994 + + + SCHLAGZEILEN 1994 + + + SCHLAGZEILEN 1994 +

ermordet zu haben
im TV!

Allen Erwartungen zum Trotz wird der angeklagte Star von den Geschworenen im Strafprozess freigesprochen. Denn der „belastende" Handschuh samt DNA-Spur passte ihm einfach nicht.

Trotz dieses Freispruchs wird Simpson dann im Februar 1997 von einem Zivilgericht zu einer Schadensersatzstrafe von 233,5 Millionen Dollar verdonnert.

Krone-Chronik

● Ein Nackter landet mit einem Segler auf dem Dach des Buckingham-Palastes. Noch ehe der „Fliegende Flitzer" die Queen erschrecken kann, wird er verhaftet.

● Ein Kärntner Bauer überlebt in Krumpendorf einen Rekordrausch mit 5,7 Promille, das sind 38 doppelte Schnäpse!

● Otto von Habsburg wird mit 81 Jahren zum vierten Mal in das EU-Parlament gewählt.

● Das Wiener AKH geht nach 30 Jahren Bauzeit am 7. Juni offiziell in Betrieb: Das „Monsterspital" kostete 42 Milliarden Schilling (3 Mrd. €).

● Michael Jackson und Elvis Presleys Tochter Lisa heiraten in der Dominikanischen Republik.

Mit dem „M 60" zermalmte Mikes bei seiner Amokfahrt so wie dieser „Leopard" insgesamt 22 Autos.

Um Freundin zu imponieren, Koloss aus Kaserne gestohlen:
Amokfahrt aus Liebeskummer: Mit Kampfpanzer Autos zermalmt

Ein liebeskranker Soldat entwendet aus seiner Kaserne in Zwölfaxing (NÖ) einen Kampfpanzer und donnert mit dem Stahl-Koloss Richtung Wien. Auf dem Weg zu seiner Freundin walzt der Amoklenker 22 Autos platt und rammt einen Bus. Die Wahnsinnsfahrt endet erst mit dem Crash an einem Brückenpfeiler.

Niemand kann den Korporal stoppen. Wenn 50 Tonnen Stahl, gelenkt von einem 22-Jährigen, der sich mit einer Flasche Whisky Mut angetrunken hat, Richtung Wien donnern, hilft nur eines: aus der Bahn!

Passanten und Polizisten retten sich per Hechtsprung. Der „M 60"-Panzer hinterlässt eine Spur der Zerstörung: Zermalmte Autos, geknickte Masten, zerfetzte Oberleitungen. Erst nach einer Stunde endet die Amokfahrt frontal an einem Pfeiler. Zurück bleiben ein Millionenschaden und eine zerstörte Zukunft des Panzer-Romeos Gerhard Mikes.

Nach seiner Haft arbeitet er als Security-Mann in Krisenregionen – und kehrt erst knapp 20 Jahre später wieder zurück nach Wien.

▲ *Sogar mit Verkehrszeichen versuchen Polizisten das Kettenfahrzeug zu stoppen. WEGA-Beamte führen den Amokfahrer ab.* ◄

+ SCHLAGZEILEN 1994 + + + SCHLAGZEILEN 1994 + + + SCHLAGZEILEN 1994

Amtsübergabe im Wiener Rathaus! – Der volksnahe Wiener Bürgermeister Helmut Zilk tritt ab. Mit seiner donnernden Wortgewalt hatte er zehn Jahre lang frischen, manchmal auch scharfen Wind in die ehrwürdigen Mauern des Rathauses gebracht. Als loyaler Thronfolger übernimmt der „g'standene Ottakringer" Michael Häupl das Amt des Bürgermeisters in der Donaumetropole.

Bei der Abstimmung sprechen sich knapp
Volkswille bringt

Mit einem in seinem Ausmaß sensationell mehrheitlichen „JA" zum EU-Beitritt bei der Volksabstimmung am 12. Juni kommt Österreich einer gemeinsamen europäischen Zukunft einen Riesenschritt näher: 66,6 Prozent der Bürger stimmen dafür. Und so wird die Alpenrepublik ab 1. Jänner 1995 Mitglied der Europäischen Union.

Terrorwelle vor Wahl schockt Österreich

Zehn Monate nach den Anschlägen vom Dezember 1993 zittert Österreich erneut vor einer Attentatserie. Vor der Nationalratswahl tauchen Briefbomben auf! Dass diese Terrorwelle keine Opfer fordert, liegt daran, dass die Höllenmaschinen der „Bajuwarischen Befreiungsarmee" einen Konstruktionsfehler haben.

Als unermüdlicher Kämpfer präsentiert Außenminister Alois Mock am 1. März seine Verhandlungsergebnisse und findet dabei patriotische Worte für die Bürger: „Die Österreicher sind gelegentlich besser, als sie sich selber sehen!" Er legt besonders den jungen Menschen Europa als große Aufgabe ans Herz. Das Endergebnis zur wichtigsten Entscheidung seit dem Staatsvertrag ist klar und eindeutig: Bei einer Wahlbeteiligung von knapp 82 Prozent sprechen sich exakt 66,6 Prozent der Österreicher für den EU-Beitritt aus.

Freudestrahlend unterzeichnen Kanzler Franz Vranitzky und Außenminister Alois Mock als „Mister Europa" am 24. Juni in der malerischen Festung von Korfu den Vertrag Österreichs mit der Europäischen Union. Somit wird die Alpenrepublik zum Jahreswechsel gemeinsam mit Finnland und Schweden Vollmitglied der Union, die damit von zwölf auf 15 Staaten angewachsen ist.

Sinnliche Buhlschaft umgarnt „Jedermann"

Rechnete man nach der Aufregung um die „Pin Up"-Künste von Maddalena Crippa eher mit einer feurig lasziven Buhlschaft, so umgarnt die Italienerin auf dem Salzburger Domplatz Helmut Lohner auf ganz andere Art: Sie bringt kühle Leidenschaft und frauliche Sanftmut in Szene. Sinnlich, aber keineswegs kokett. „Die Crippa ist eine Buhlschaft der anderen Art. Liebevoll besorgt, aber doch nie mütterlich, sondern sanft", zeigt sich Kulturredakteur Thomas Gabler von der Attraktiven ebenso umgarnt wie unser ADABEI, der vom „süßen Akzent" der Buhlschaft schwärmt.

Schweres Debakel für große Koalition

Als Abrechnung für die große Koalition gehen die Nationalratswahlen 1994 in die Geschichte ein: Die SPÖ unter Kanzler Vranitzky kommt auf 35,2% (-7,6), Buseks ÖVP auf 27,7% (-4,4), Haiders FPÖ kommt auf 22,6 (+6), die Grünen unter Petrovic auf 7% (+2,2) und Schmidts Liberales Forum erreicht 5,7%.

SCHLAGZEILEN 1994 + + + SCHLAGZEILEN 1994 + + + SCHLAGZEILEN 1994 +

67 Prozent der Österreicher für die Mitgliedschaft in der Europäischen Union aus

ein klares „Ja" zum EU-Beitritt!

Österreich unter dem EU-Schirm. Staatssekretärin Gitti Ederer trug viel dazu bei. Mock und Vranitzky bei der Vertragsunterzeichnung. ▼

Polizist verliert bei Entschärfungsversuch beide Arme ● STAPO tappt im Dunkeln

Bombe explodiert im Flughafen

Mysteriöser Anschlag mit verheerenden Folgen: Ein Unbekannter deponiert nachts vor einer zweisprachig geführten Klagenfurter Schule eine Rohrbombe. Ein Sprengstoff-Sachverständiger bringt die Höllenmaschine zum Flughafen – wo sie explodiert.

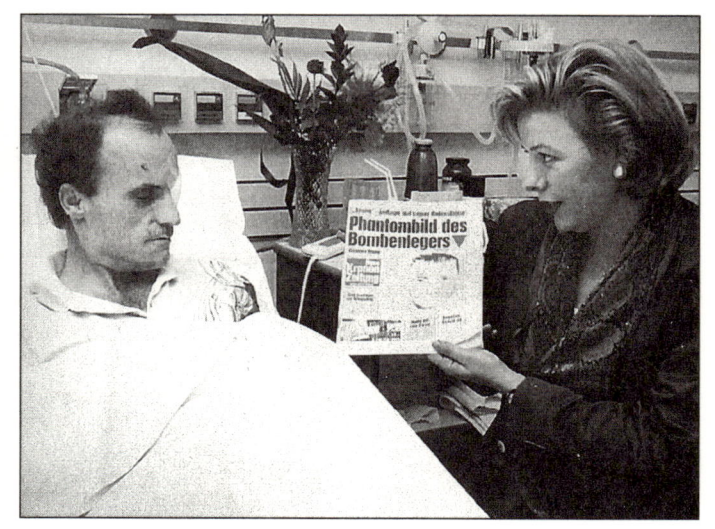

Zur Detonation kommt es beim Entschärfungsversuch. Obwohl es dem Polizisten Theo Kelz gelingt, Sprengstoff aus dem Bombenkörper zu holen, explodiert die Zündladung, nachdem sie der 40-Jährige zur Untersuchung durch die Röntgenstraße geschickt hat. Der Familienvater verliert beide Unterarme und ein Auge. Die Bombe bleibt ein Kriminalrätsel, deren Lösung nur der Konstrukteur kennt.

Im März 2000 gelingt eine Doppeltransplantation – und Theo Kelz bekommt in der Uniklinik Innsbruck die Hände eines Toten.

▲ Unglücksort: die Röntgenstraße im Klagenfurter Flughafen – Reporterin Conny Bischofberger am Krankenbett von Kelz. ▶

+ SCHLAGZEILEN 1995 + + + SCHLAGZEILEN 1995 + + + SCHLAGZEILEN 1995

Unbewaffneter Wachmann begleitet Stein-Häftling ● Killer bis heute nicht gefasst

Mörder flüchtet aus Uni-Hörsaal

Justizskandal in Linz! Nur von einem einzigen, unbewaffneten Wachebeamten begleitet, darf der Prostituierten-Mörder und Stein-Häftling Tibor Foco (39) regelmäßig Jus-Vorlesungen an der Linzer Universität besuchen. Der Ex-Zuhälter nützt die Sorglosigkeit seines Bewachers und flüchtet heimlich aus dem Hörsaal.

„Völlig unverständlich, dass Foco in Linz Jus studieren durfte. Wo Eltern, Verwandte und Freund leben, die alle als Fluchthelfer in Frage kommen", so die Kritik von Kriminalisten.

Die Rekonstruktion der Flucht zeigt weitere, unglaubliche Pannen auf: Nach einem Kaffee im Buffet kann sich Foco bei einem Toilettenbesuch vom Justizwachebeamten trennen und durch einen Hörsaal flüchten.

Sein Begleiter kann nicht sofort Alarm schlagen, da er nämlich sein Funkgerät im Gefängnis vergessen hat.

Für Focos Soziologie-Professor Dr. Klaus Zapotoczky kommt die Flucht nicht überraschend: „Als angehender Jurist wusste Tibor, dass mit dem Schengener Abkommen die Grenzen zum Osten dichter werden und eine Flucht kaum möglich ist." Bis heute fehlt jede Spur vom Justizflüchtling.

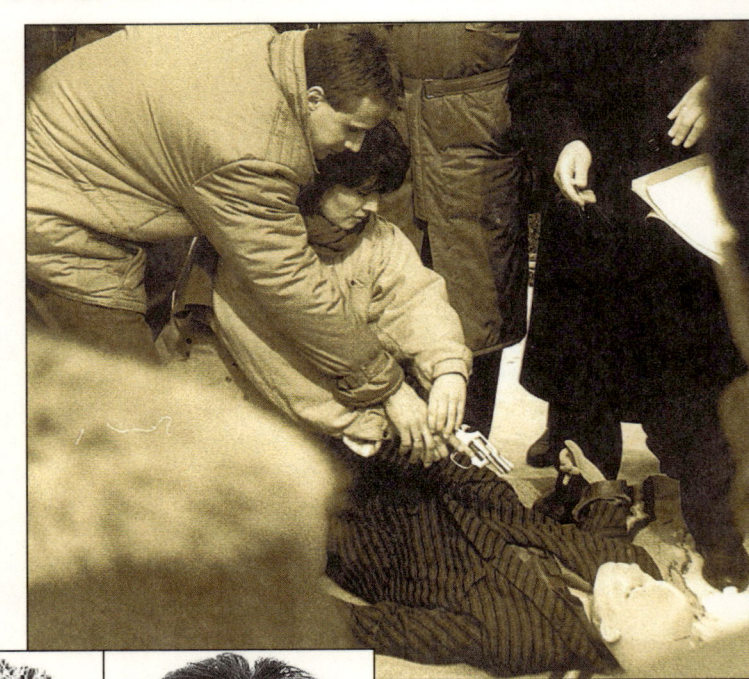

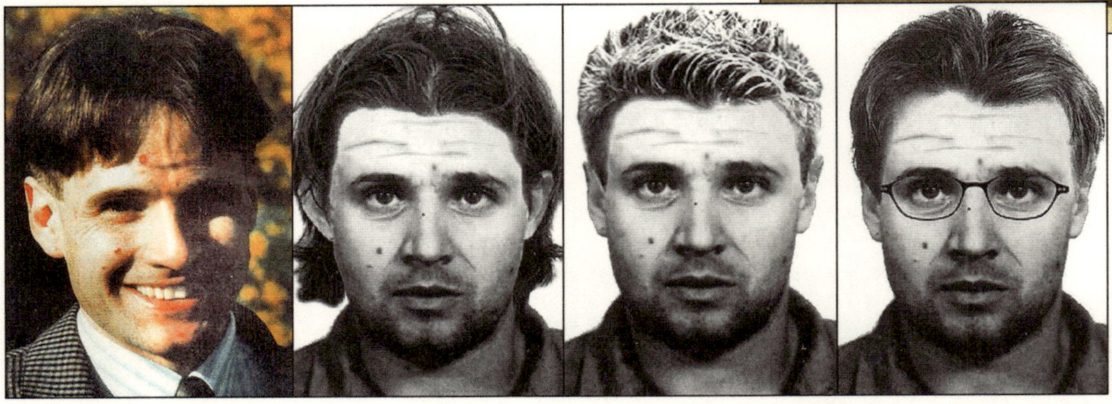

▲ Der Mord-Lokalaugenschein. Foco (li.) bei seiner Flucht und ◄ wie er heute aussehen könnte.

Helmut Zilk ist wieder unser Ombudsman

„Nach 16 Jahren kehre ich in die ‚Kronen Zeitung' heim, von der ich einst für eine späte, aber interessante Politkarriere Abschied nahm", so Wiens Altbürgermeister Zilk in seiner Antrittskolumne. 1974 hatte er die Ombudsman-Seiten aufgebaut und dann die Agenden an Reinald Hübl übergeben.

NATO-Bomben als Antwort auf Serben-Provokation

Mit menschenverachtender Grausamkeit schockieren die Serben die zivilisierte Welt und die UNO: Sie nehmen in Bosnien 400 Blauhelme als Geiseln und verwenden sie als lebende Schutzschilde (Bd.li.), indem sie die Friedenssoldaten vor militärischen Angriffszielen anketten.

Dann jagen die Serben den über Bosnien abgeschossenen US-Piloten Scott O'Gray (re.) In einer spektakulären Aktion wird dieser gerettet. Als Antwort auf ein Blutbad in Sarajewo bombt die NATO die Serben an den Verhandlungstisch.

„Vera" schlägt voll ein! Die Talk-Show von Vera Russwurm entwickelt sich zum absoluten Publikumshit. Die TV-Lady & „Krone"-Kolumnistin überzeugt mit Themenauswahl und Aktualität. Erster Gast: Frenkie Schinkels, Ex-Teamspieler und vierfacher Vater, der zwei Wochen zuvor seine Frau bei einem Unfall verloren hat.

SCHLAGZEILEN 1995 + + + SCHLAGZEILEN 1995 + SCHLAGZEILEN 1995 +

Der „Tennis-Terminator", wie ihn die Fachpresse nach seiner unheimlichen Siegesserie auf Sand nennt, erfüllt sich am 11. Juni seinen Lebenstraum: Thomas Muster gewinnt das Turnier in Paris und somit den ersten Grand Slam-Titel eines Österreichers. – Acht Monate später erklimmt „Tom" dann als Nummer 1 für fünf Wochen sogar den ATP-Tennisthron.

Krone-Chronik

● Italiens Modezar Maurizio Gucci (46) wird in Mailand von einem Profikiller erschossen.

● „Finanzwunderknabe" Nick Leeson sorgt für den Bank-Crash des Jahres: Durch Fehlspekulationen führt der 28-Jährige Londons Traditionsbank „Barings" in den Ruin. Schaden: 12 Milliarden Schilling (872 Mio. €).

● Weltweites Aufsehen erregt die Nachricht, dass ausgerechnet in Israel Adolf Hitlers „Mein Kampf" in hebräischer Übersetzung erscheint.

● Aus Schneemangel wird die Ski-WM in Spaniens Sierra Nevada abgesagt.

Der Handelsriese ist mit 26 Milliarden Schilling überschuldet:

Größte Pleite der zweiten Republik „Konsum" meldet Ausgleich an!

Mit 26 Milliarden Schilling (145 Mio. €) Schulden schlittert der „rote Handelsriese Konsum" in die größte Pleite der zweiten Republik. Während 87 Filialen geschlossen und rund 4000 Mitarbeiter gekündigt werden, wagt es Generaldirektor Gerharter, 52 Millionen Abfertigung einzufordern!

Jahrzehntelang gehörte er einfach dazu, wie die Butter aufs Brot: der Konsum. Der Handelsriese war nicht wegzudenken aus der österreichischen Nahversorgung. Als einer der ersten startete er das Supermarkt-Prinzip, gleichsam als Vorreiter der Shopping-Center. Doch im Konkurrenzkampf wirkt sich die fehlende Finanzkraft verheerend aus. Andere investieren, der Konsum hinkt nach. „Der Umsatz pro Quadratmeter liegt um 30% unter dem Branchenschnitt. Die Personalkosten sind die höchsten", so „Krone"-Redakteur Manfred Schumi, der die Ursache in einer Serie von Fehlentscheidungen sieht.

Gerharter stellt Millionenforderung, während 87 Filialen geschlossen werden.

49

+ SCHLAGZEILEN 1995 + + + SCHLAGZEILEN 1995 + + + SCHLAGZEILEN 1995

Gelähmter Kinoheld Christopher Reeve: „Kann das Mitleid einfach nicht ertragen"

Reitunfall – „Superman" für immer an Rollstuhl gefesselt

Tragische Ironie des Schicksals! Ausgerechnet Hollywoodstar Christopher Reeve, der als „Superman" immer wieder die Welt rettete, erleidet einen Reitunfall, der ihn zu einem bedauernswerten Krüppel macht. Alle Künste der Ärzte helfen nicht, „Superman" bleibt gelähmt!

◀ *Christopher Reeve im rotblauen Trikot machte den Komikhelden zum Superstar. Bei einem fürchterlichen Reitunfall erleidet er einen doppelten Halswirbelbruch und bleibt vom Hals abwärts querschnittgelähmt.* ▶

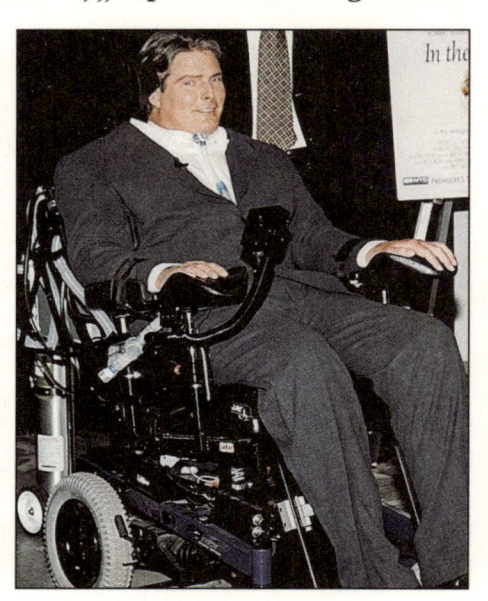

Schwerer Schicksalsschlag für den 42-jährigen Schauspieler, der als Leinwandheld die Herzen von Millionen Kinofans eroberte. Bei einem „Cross-Country-Reitturnier" im US-Staat Virginia scheut das Pferd des erfahrenen Reiters vor einem Hindernis. Reeve wird aus dem Sattel geschleudert, landet auf dem Kopf und erleidet beim Aufprall einen doppelten Halswirbelbruch.

Trotz seiner Behinderung gründet er mit seiner Frau ein Zentrum für Querschnittsgelähmte, wo diese lernen, selbstständiger zu leben. Zudem setzt sich der Geisteswissenschafter für die Stammzellenforschung ein. Im Remake des Hitchcock-Thrillers „Das Fenster zum Hof" ist Reeve 1998 wieder als Schauspieler im Rollstuhl zu sehen. Sechs Jahre später stirbt er 52-jährig.

Millionenstadt Tokio nach Attentat einer Sekte wie versteinert

Giftgas-Anschlag auf U-Bahn: 1500 Terroropfer kollabieren!

Ein hinterhältiges Attentat mit dem tödlichen Giftgas „Seran" – ein von den Nazis 1938 entwickelter Kampfstoff – fordert in Tokios U-Bahnnetz 13 Todesopfer und mehr als 1500 schwer Verletzte. Als Drahtzieher werden 13 Mitglieder der „Aum-Sekte" zum Tode verurteilt.

Am 20. März deponieren anfangs Unbekannte in 16 Stationen des weit verzweigten U-Bahnnetzes der Zehn-Millionen-Stadt Behälter mit dem Todesgas „Seran": Der Kampfstoff lähmt schon in geringen Mengen das Nervensystem und führt zu Herz- und Atemstillstand.

So kommt für 13 Japaner jede Hilfe zu spät. Verzweifelt versuchen Betroffene, die gaserfüllten Waggons und Stationen zu verlassen.

Viele stürzen dabei ohnmächtig zu Boden. Verletzte geraten in Angst, Massenpanik bricht aus. Auf der Flucht erleiden Hunderte Knochenbrüche und Blessuren. Ein Stationschef entfernt ein Giftpaket aus einem Waggon, Sekunden später stirbt er qualvoll.

89 Mitglieder der „Aum-Sekte" werden angeklagt: Anführer Shoko Asahara und zwölf weitere Männer werden zum Tode verurteilt.

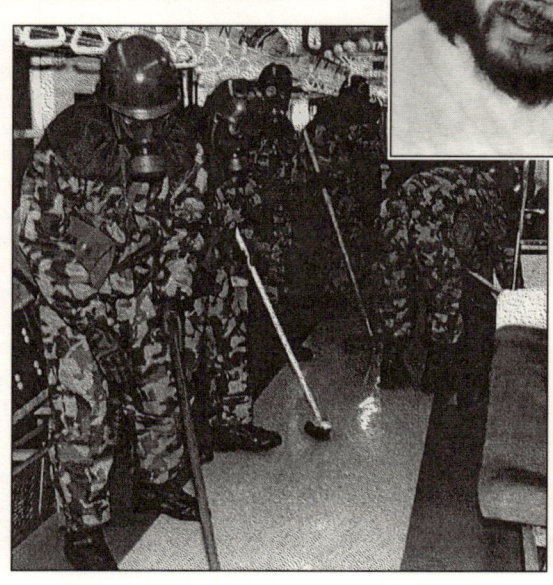

▲ *Sektenchef Asahara wird als Drahtzieher des Anschlags verhaftet und zum Tode verurteilt. – Experten für chemische Kriegsführung reinigen die verseuchten U-Bahn-Waggons.* ◀

SCHLAGZEILEN 1995 + + + SCHLAGZEILEN 1995 + + + SCHLAGZEILEN 1995 +

„GOLDFISCH" Franziska van Almsick schreibt bei der Schwimmeuropameisterschaft in Wien Sportgeschichte: Die bildhübsche Deutsche gewinnt fünfmal Gold und einmal Silber. Doch die 17-Jährige sorgt abseits des Stadionbades für Aufregung: in einem Interview soll sie „Adolf Hitler" als Lieblingsfigur der Geschichte genannt haben.

Nach einer Serie von grauenhaften Bluttaten:

Tödliche Pumpguns gesetzlich verboten

Als Reaktion auf eine Serie von Bluttaten – in den letzten Monaten des Jahres 1994 wurden neun Menschen mit diesen Schrotgewehren getötet – wird der freie Besitz von Pumpguns verboten. Berühmt berüchtigt wurde die Waffe durch Serienräuber Kastenberger, der als „Pumpgun-Ronnie" acht Banken überfallen hatte.

◀ „Pumpgun-Ronnie" alias Hans Kastenberger war als Serienräuber gefürchtet.

„Ebola-Killer-Virus" zieht eine Todesspur

Das „Ebola-Virus" zieht im Mai eine mörderische Spur im afrikanischen Zaire. Während Wissenschafter fieberhaft nach dem Ursprung des Killer-Virus fahnden, sterben Hunderte unter Höllenqualen. Trotz Quarantäne breitet sich die Epidemie aus – Europa zittert vor der Einschleppung.

„Kräuterpfarrer" Hermann-Josef Weidinger, einst Missionar in China, übernimmt die ehrenvolle Aufgabe eines „Gesundheitsapostels" in der „Krone". In seiner Kolumne „Hin'gschaut und g'sund g'lebt" gibt der 77-jährige Monsignore aus dem Waldviertel den Lesern Tipps für einen gesunden Start in den Tag.

Film-Gentleman verursacht „Erregung öffentlichen Ärgernisses"

Frauenschwarm Hugh Grant bei Sex mit Prostituierter verhaftet

Für Millionen Hugh Grant-Verehrerinnen bricht in Anbetracht einer Polizei-Meldung die Welt zusammen: Der charmante Frauenliebling wurde im Auto mit einer Prostituierten erwischt...

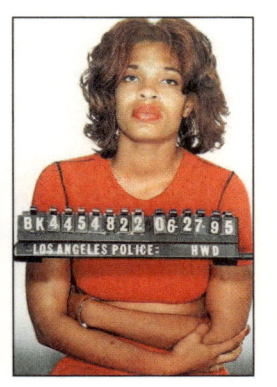

Vor allem seit seiner Rolle als charmanter englischer Gentleman in „Vier Hochzeiten und ein Todesfall" gilt der 34-jährige Herzensbrecher als Wunschschwiegersohn von Millionen Müttern. Schließlich ist der smarte Schauspieler auch als treuer Lebensgefährte seiner Kollegin Liz Hurley bekannt. Doch auf dem Sunset Boulevard Hollywoods mutiert der brave Sonnyboy zum sexbesessenen Nachtschwärmer. Für 50 Dollar wird er mit der Straßenprostituierten Divine Brown handelseins. Aber ausgerechnet als die 23-Jährige ihren Promi-Kunden in dessen weißen BMW bedient, taucht die sittenstrenge kalifornische Polizei auf – Anzeige!

Objekt der Begierde: Divine Brown (23)

In der Polizeikartei: Filmstar Hugh Grant

Kronen Zeitung — + SCHLAGZEILEN 1995 + + + SCHLAGZEILEN 1995 + + + SCHLAGZEILEN 1995

Bombenfalle fordert vier

- Eine hinterhältige Höllenmaschine
- Tödliches „Nitroglycerin-Gemisch"
- Staatspolizei völlig plan- und ratlos

▲ *Trauerflor über der Ortstafel. Betroffenheit, Angst und Ratlosigkeit unter den Bürgern Oberwarts. – Die Särge der vier auf heimtückische Art getöteten Roma.* ▶

Der 5. Februar geht als „Schwarzer Sonntag" in die Geschichte der Roma Österreichs ein: Beim Versuch, ein gegen sie gerichtetes Schild im burgenländischen Oberwart zu entfernen, werden vier Roma getötet! Eine heimtückische Sprengfalle war mit Nitroglycerin gefüllt.

Im Februar zerbricht die Hoffnung, dass der feige Bombenterror in Österreich – von Sprengstoffbriefen bis zu explosiven Rohrfallen – endlich ein Ende findet.

Nachdem es gegen ihre Volksgruppe immer wieder Drohungen gegeben hatte, patrouillieren vier Männer in der Nacht zum Sonntag am Rande der Roma-Siedlung im südburgenländischen Oberwart. Auf einem Feldweg versperrt ihnen gegen Mitternacht ein Rohrständer mit der beleidigenden Aufschrift „Roma zurück nach Indien!" den Weg.

Verärgert wollen sie das gegen sie gerichtete Schild entfernen. Doch bereits bei

---

Linke Attentäter jagen sich in Ebergassing (NÖ) mit Sprengstoff selbst in die Luft

Anschlag auf Strom-Autobahn

Beim Versuch, im niederösterreichischen Ebergassing einen 380-kV-Strommasten zu sprengen, jagen sich zwei Aktivisten selbst in die Luft: Die getöteten Terroristen gehören der linksradikalen Szene an – die Staatspolizei steht vor dem nächsten Kriminalrätsel.

Die Attentäter, Peter Konicek (33) und Gregor Thaler (30), kommen am 11. April ums Leben: Sie hatten versucht, eine der Hauptstromversorgungsleitungen nach Wien durch die Sprengung eines Mastes zu kappen. Doch dabei hatten sie vergessen, dass unterhalb eines 380-kV-Mastes Induktionsspannung herrscht. Zwei Sprengsätze explodierten und töteten das Duo. Erst acht Tage später findet ein Bauer die Leichen. Während die Staatspolizei nun vor dem Rätsel „Terror von links" steht, gerät Innenminister Caspar Einem ins Kreuzfeuer der Kritik, da er das – den Attentätern äußerst vertraute linke „TATblatt" – mit Spenden unterstützt hat.

Gregor Thaler (li.o.) und Peter Konicek (re.o.) wollten den Mast der 380-kV-Leitung sprengen.

▲ *Sprengladung detonierte zu früh. – Heftig kritisiert: Innenminister Caspar Einem* ▶

SCHLAGZEILEN 1995 + + + SCHLAGZEILEN 1995 + + + SCHLAGZEILEN 1995 +

tote Roma!

◀ Bombe, mit Nitroglycerin gefüllt und dem Schild „Roma zurück nach Indien!" versehen. Die vier Männer hatten nicht den Funken einer Chance. ▶

der ersten Berührung explodiert die tückische Sprengfalle: Eine Mischung aus 150 Gramm gedämmtem Nitroglycerin detoniert und trifft die vier Freunde: Josef Simon (40), Peter Sarközi (27) sowie die Brüder Karl (22) und Erwin Horvath (18) sind chancenlos. Sie werden durch die Explosionswucht am Unglücksort getötet.

Nur einen Tag später folgt im mehrheitlich von Kroaten bewohnten Stinatz (ebenso im Burgenland) der nächste Anschlag: Eine Sprengfalle zerfetzt Erich Preißler, Mitarbeiter der Müllabfuhr, die rechte Hand.

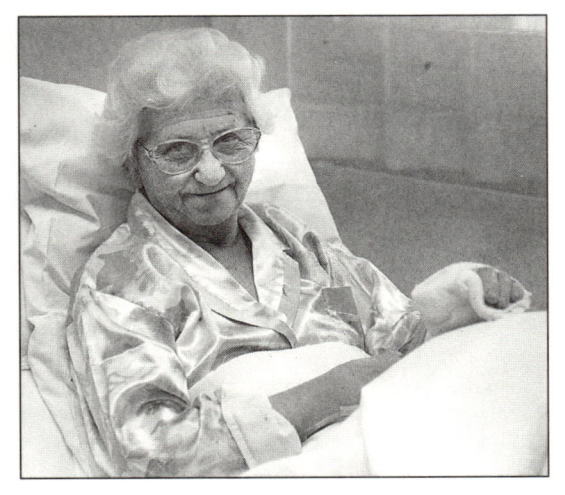

Bild des Grauens: die Tafel mit der Aufschrift – und auf dem Feldweg die Leichen der vier getöteten Roma

Sprengkuverts der 3., 4. und 5. Welle detonieren:
Briefterror nimmt kein Ende

◀ Flüchtlingshelferin Maria Loley war ebenso im Visier wie der Arzt Abouroumie. ▼

◀ Arabella Kiesbauer und Angela Resetarits, Mutter von Lukas (re.), Ziele des Briefterrors.

Auch die Welle des Briefbomben-Terrors rollt weiter: Bei drei Anschlagsserien werden fünf Menschen, die sich für Flüchtlinge engagierten, verletzt. Zwei Briefe explodieren zu früh, zwei werden abgefangen – doch das feige Bombenhirn bleibt weiter unerkannt...

Im Juni erreicht der Briefterror – nun erstmals in Deutschland – die TV-Moderatorin Arabella Kiesbauer. Das an die dunkelhäutige „Pro 7"-Sprecherin adressierte Schreiben explodiert in den Händen ihrer Assistentin und verletzt diese. Später zerfetzt eine an Lübecks Vizebürgermeister Dieter Szameit gerichtete Sendung einem Kollegen die Hände. Die vierte Briefbombenwelle erreicht im Oktober Maria Loley und zwei ausländische Ärzte in Niederösterreich. „Bombenbriefe der Serie 5" sind an das UNHCR, an Angela Resetarits und eine aus Indien stammende Familie gerichtet.

+ SCHLAGZEILEN 1995 + + + SCHLAGZEILEN 1995 + + + SCHLAGZEILEN 1995

▲ Der Amokläufer Rudolf Kehrer tötet im Linzer Gericht seinen Nachbarn Ludwig Schürz (li.o.) sowie Dr. Erwin Streinesberger (v.l.n.r), Dr. Alfred Eichler, Dr. Eugen Kordik und die Zeugin sowie vierfache Mutter Heidi Schinkinger.

Nach verlorenem Prozess um Ehrenbeleidigung in Linz (OÖ)

Amokläufer richtet Blutbad an: 5 Menschen aus Rache getötet

Ein verlorener Ehrenbeleidigungsprozess in Linz endet mit einem Blutbad: Der Amokläufer tötet im Gerichtssaal zwei Richter, den beklagten Nachbarn, den Gegenanwalt und eine Zeugin. Auf der Flucht schießt er noch zwei Menschen an – dann begeht er Selbstmord.

Wegen eines angeblich heimlich um 20 Zentimeter versetzten Grundsteins entbrennt zwischen den beiden Nachbarn Rudolf Kehrer (64) und Ludwig Schürz (52) ein langjähriger Streit. Am 10. März treffen die Streithähne im Bezirksgericht Urfahr in einem Ehrenbeleidigungsprozess einander wieder. Eisenbahner Schürz soll seinen Nachbarn „alten Trottel" genannt haben.

Sekunden nachdem Kehrer verurteilt worden ist, fallen im Saal Nr. 209 Schüsse. Verhandlungsleiter Dr. Eugen Kordik, Gegenanwalt Dr. Alfred Eichler und der Beklagte Schürz brechen sterbend zusammen.

Dann tötet Amokschütze Kehrer Zeugin Heidemarie Schinkinger (34), eine Mutter von vier Kindern, auf der Flucht mit einem gezielten Schuss. Die Anwältin des Irren überlebt nur deshalb, weil sie sich tot gestellt hat.

Schließlich fährt der Mörder nach Hause und jagt sich eine Kugel in den Kopf.

Als Mann gegen den Strom sieht sich der gewichtige Talkmaster Hermes Phettberg. In seiner „Nette Leit Show" führt er zum Teil geistreiche Plaudereien mit diversen Zeitgenossen. Bei Eierlikör und Frucade sorgt Phänomen Phettberg für spannende, unkonventionelle Fernsehabende. Legendär wurde sein Interview mit Opernkenner Marcel Prawy über die gemeinsame Plastiksackerl-Vorliebe.

Krone-Chronik

● Die Fußballwelt trauert um Bruno Pezzey (39). Der 84-fache Nationalspieler bricht bei einem Jux-Eishockeymatch in Innsbruck tot zusammen.

● Beim größten Rock-Spektakel, das je in der Alpenrepublik über die Bühne gegangen ist, bejubeln 90.000 Fans am Österreich-Ring in Zeltweg Rocklegende Mick Jagger und seine „Stones".

● Im früheren Jugoslawien wurde die Vergewaltigung gezielt als Kriegsmittel eingesetzt. Innenminister Caspar Einem ordnet deshalb an, „dass die Vergewaltigung in Kriegsgebieten als Asylgrund anzuerkennen ist".

● In 31 Stunden umrundet eine „Concorde" der Air France die Erde. Auf der 40.000 Kilometer langen Reise legt das Passagierflugzeug sechs Zwischenstopps ein.

● Traurige Statistik: Alle fünf Stunden scheidet in Österreich ein Mensch freiwillig aus dem Leben. Jahresschnitt: rund 1775 Selbstmorde.

SCHLAGZEILEN 1995 + + + SCHLAGZEILEN 1995 + + + SCHLAGZEILEN 1995 +

Kronen Zeitung

Österreicher sprechen sich klar gegen slowakische Schrott-Ruine Mochovce aus:

1,2 Millionen gegen Todesreaktor

Die rot-weiß-rote Anti-Atom-Bewegung schafft den ersten großen Etappensieg gegen die Todesreaktoren an unserer Grenze: 1,2 Millionen Österreicher setzen ihren Namen auf die „Krone"-Coupons und Unterschriftenlisten der Umweltbewegung GLOBAL 2000.

Der Kampf gegen die Todesmeiler vor unserer Haustür vereint erstmals Österreich. Zu Beginn der Kampagne war „Mochovce" ein bedeutungsloser Name. Dank der Aufklärungsarbeit von GLOBAL 2000 und der Berichterstattung der „Krone" unterzeichnen 1,2 Millionen Österreicher gegen den Fertigbau des brandgefährlichen Schrottreaktors.

Zudem bringt Greenpeace die wissenschaftliche Bestätigung, dass Mochovce in einer erdbebengefährdeten Zone liegt. Doch allen EU-Versprechungen zum Trotz bauen die Slowaken stur an dem „Atom-Saurier" weiter.

Auch wenn Österreichs Kampf gegen die Nuklear-Monster wie ein Kampf gegen Windmühlen scheint, so ist dies der erste Etappensieg gegen die Todesenergie!

▲ Mochovce: Atomgefahr vor unserer Haustür. Ex-Miss World Ulla Weigerstorfer unterstützt die „Krone"-Kampagne gegen den Atomwahnsinn. ▶

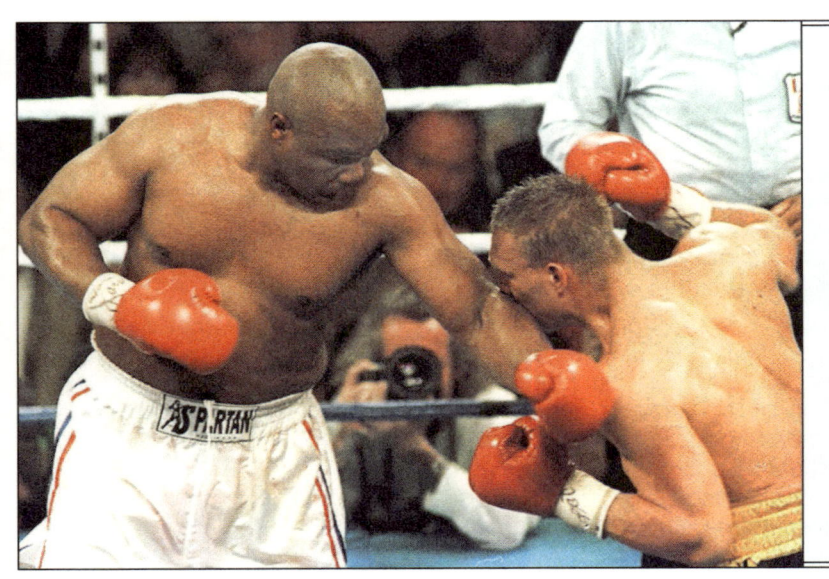

„Box-Opa" Foreman bleibt Weltmeister! Die 46-jährige Box-Legende George Foreman verteidigt im amerikanischen Las Vegas gegen den deutschen Herausforderer Axel Schulz seinen Titel als Weltmeister aller Klassen. Gegen den um zwanzig Jahre Jüngeren gewinnt „Big George" klar nach Punkten. Prediger Foreman: „Schulz ist von Beginn an ständig davongelaufen!"

„Hitler-Überreste" auf Feld verbrannt

„Jetzt ist erstmals klargestellt, wo die Leiche des Führers verblieben ist. Seine Asche ist vom Wind verweht!" – Laut dem deutschen Magazin „Der Spiegel" sind die 1946 beerdigten Leichen Adolf Hitlers, Eva Brauns, Goebbels', seiner Frau und Kinder exhumiert worden und in der Nacht zum 5. April 1970 von fünf KGB-Offizieren hinter den Kasernen in Magdeburg-Herrenkrug auf einem Feld verbrannt worden.

+ SCHLAGZEILEN 1996 + + + SCHLAGZEILEN 1996 + + + SCHLAGZEILEN 1996

Rebellen liefern der Roten Armee erbitterten Widerstand ● Hoher Blutzoll gegen Tschetschenen

◄ *Schlecht ausgebildet und stark demotiviert: die Rekruten der Roten Armee. – Ab Dezember 1994 marschieren im ersten Tschetschenkrieg rund 40.000 russische Soldaten in die Kaukasusrepublik ein.*

Die Russen beißen sich im blutigen Krieg in Tschetschenien die Zähne ebenso aus wie die Amerikaner in Vietnam. Trotz technischer Überlegenheit wird die Rote Armee immer wieder von den Rebellen gedemütigt. Erst im Sommer gelingt es dem Kreml-General Alexander Lebed, einen Waffenstillstand – nämlich das „Abkommen von Chassawjurt" – auszuhandeln.

◄ *Leidtragende des Krieges: die Zivilbevölkerung. Der Machtkampf kostet 80.000 Menschen das Leben.*

▲ *Trotz Kampfhubschraubern und Maschinengewehren können die Russen die Rebellen nicht rasch bezwingen.*

Endlich Reaktion auf Kritik der Autofahrerklubs:
Benzinpreis an Zapfsäulen wird erstmals freigegeben

Die Kritik der Autofahrerklubs und der Arbeiterkammer an den Erhöhungen der Treibstoffpreise hat Folgen: Ende April hebt Wirtschaftsminister Johannes Ditz das bisher geltende Benzinpreis-Kontrollsystem auf. Somit herrscht freier Wettbewerb an den Zapfsäulen.

Die Spritpreise werden dadurch zwar kaum billiger, aber unterschiedlicher. Kritik hagelte es zuvor, da die Teuerungslawine an den Tankstellen Folge der „Preiserhöhungsautomatik" war. Die Regel lautete: Wenn am Markt in Rotterdam der Preis für Mineralölprodukte um mehr als 20 Groschen (0,014 Cent) steigt oder fällt, bewegt sich auch der Benzinpreis in Österreich in 20-Groschen-Sprüngen. So konnten die Mineralölfirmen gelassen warten, wann es wieder so weit war, die Autofahrer zur Ader zu lassen.

Erst die massive Kritik der Autofahrerklubs ÖAMTC und ARBÖ sowie der Arbeiterkammer waren ausschlaggebend dafür, dass Minister Ditz die bisherige Preisregelung endlich doch aufgehoben hat.

Ein Grund zur Freude? – Der freie Wettbewerb an Österreichs Zapfsäulen gilt ab Ende April.

SCHLAGZEILEN 1996 + + + SCHLAGZEILEN 1996 + + + SCHLAGZEILEN 1996 +

die „Guerilla-Kämpfer" im Kaukasus:
im Russen-Krieg

Obwohl Tschetschenien tausendmal kleiner als Russland ist, halten die Kaukasus-Partisanen der zahlenmäßig weit überlegenen russischen Armee lange stand. Mit Todesmut werfen sie sich der Übermacht entgegen. Auch als die Russen in Perwomajskoje aus allen Rohren auf das Dorf feuern.

Obwohl die Rote Armee mit Panzern, Artillerie und Hubschraubern vorrückt, entkommen viele der Guerillas aus dem Belagerungsring. Zwar feiert Boris Jelzin das folgende Gemetzel als Sieg, doch selbst russische Medien quittieren das Vorgehen in der „Geisel-Krise" mit vernichtender Kritik.

Auch die Ermordung des charismatischen Rebellenführers Dudajew schwächt den Widerstand des 700.000-Seelen-Volkes gegen die 120 Millionen Russen nicht. Erst im Sommer kann Sicherheitsberater Lebed einen Friedenspakt mit den Aufständischen schließen.

◀ Hoch zu Ross gegen Panzer – „anachronistische Kriegsführung" der Tschetschenen.

„Ich bin zeugungsfähig!", so reagiert Tom Cruise – im Bild mit Ehefrau Nicole Kidman – auf das Gerücht der Illustrierten „Die Bunte". Er verklagt das Blatt auf 800 Millionen Schilling. 2006 bringt Katie Holmes, seine spätere Freundin, die gemeinsame Tochter Suri zur Welt.

Ausbüchsen von 40 japanischen „Makaken" belustigt ganz Österreich

„Affen-Zirkus" als Touristen-Attraktion

Da laust einen doch der Affe! Aus einem neuen Gehege im Villacher Stadtteil Landskron brechen am 13. August gleich 40 japanische Äffchen aus. Die „Makaken" ziehen durch Kärnten und werden zur absoluten Tourismus-Attraktion. Was folgt, ist ein kabarettreifes Chaos. An und für sich gelten die Tiere als zutraulich, sie lassen sich aber kaum fangen. Dafür streunen die Äffchen in kleinen Gruppen umher und turnen zum Gaudium der Kinder sowie vieler Touristen auf Autos herum. Am Autobahnknoten Villach wird deshalb sogar ein „Makaken-Tempolimit" mit Warnschildern „Achtung Affen!" eingeführt, um die Tiere zu schützen. Die Affenjagd dauert bis in den Herbst. Da sich die „Makaken" nicht einfangen lassen, müssen sie mit dem Narkosegewehr „erlegt" werden.

Urlaubsfoto: frecher Kärntner Makake auf Auto

Eine Million Katholiken bei der Sonntagsmesse

1,129 Millionen Gläubige besuchen Mitte der 1990er Jahre durchschnittlich die Sonntagsmesse in Österreich. 1975 waren es noch 1,714 Millionen Messbesucher. Zählte man vor 20 Jahren 92 Prozent der Österreicher zu den Katholiken, so hat die Kirche anno 1996 nur noch sechs Millionen Gläubige (75 Prozent).

+ SCHLAGZEILEN 1996 + + + SCHLAGZEILEN 1996 + + + SCHLAGZEILEN 1996

Sex-Filme im Verlies gedreht ● Boss des Pädophilenringes gesteht fünf Morde:

Pornobestie lässt Kinder verhungern

Verhungert: Melissa

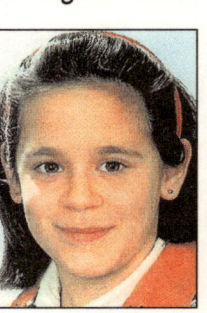

Verhungert: Julie

In Haft: „Bestie von Belgien", Marc Dutroux

Eine bestialische Mordserie erschüttert Europa: Der Boss eines belgischen Kinderporno-Ringes gesteht, vier Mädchen ermordet und weitere Minderjährige in unterirdischen Verliesen zu Sex-Spielen für Filmaufnahmen gezwungen zu haben. Der Skandal dahinter: Polizisten wussten von den feigen Verbrechen – und schwiegen!

Bei seiner Verhaftung entgeht der Boss des Kinderporno-Ringes nur knapp der Lynchjustiz. Denn Marc Dutroux hat das Leben hilfloser Geschöpfe am Gewissen: Im Juni 1995 kidnappt der 1988 wegen Kinderschändung verurteilte, aber bereits nach sechs Jahren wieder freigelassene Belgier zwei Achtjährige, Melissa und Julie. Er versteckt die beiden im Keller. Im mit Tunneln versehenen Labyrinth erleiden die beiden ein schlimmes Sex-Martyrium.

Anfangs 1996 wird Dutroux wegen Autodiebstahls zu vier Monaten Haft verurteilt. Doch er verschweigt sein schauriges Geheimnis. Während er in der Zelle sitzt, verhungern die Mädchen! Weder seine Porno-Komplizen noch seine Frau Michelle, die bei den Dreharbeiten Regieanweisungen gab, befreien die Kinder.

Wieder in Freiheit tötet der 39-Jährige einen Mitwisser und begräbt ihn neben den Kinderleichen.

Durch Zufall geht die „Bestie von Belgien" der Polizei ins Netz. Dutroux gesteht, zwei vermisste Teenager ermordet zu haben. Auch sie wurden zu Pornofilmen gezwungen. Ihre Leichen übergoss er mit Säure.

Als dann elf Polizisten verhaftet werden, die Dutroux begünstigt haben, droht die Volksseele überzukochen. Die Urteil für die Bestie: Lebenslang! Nach 16 Jahren Gefängnis wird seine Ex-Frau und Komplizin Michelle vorzeitig entlassen – sie geht ins Kloster ...

Hausverbot für Prügel-Ehemänner

Härtere Bestimmungen sollen der Gewalt in Familien einen Riegel vorschieben. Der Ministerrat gibt grünes Licht für ein Gesetz zum Schutz misshandelter Frauen und Kinder. Es ermöglicht, Hausverbote gegen prügelnde Ehemänner wirkungsvoll durchzusetzen. Das Verbot gilt nicht nur für die eigenen vier Wände. Sondern auch für den Arbeitsplatz der Frau, den Schulweg der Kinder etc.

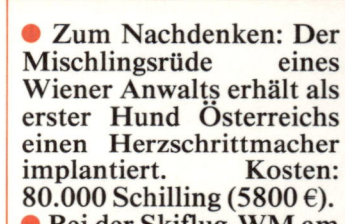

Krone-Chronik

● Zum Nachdenken: Der Mischlingsrüde eines Wiener Anwalts erhält als erster Hund Österreichs einen Herzschrittmacher implantiert. Kosten: 80.000 Schilling (5800 €).
● Bei der Skiflug-WM am Kulm erobert Andi Goldberger den Titel.
● Das Habsburg-Verbot ist nun toter Paragraph: Beide Söhne des letzten Kaisers, Felix und Carl Ludwig, dürfen wieder einreisen.

Freisprüche im Erpressungs-Prozess des Jahres:

Skandal: Staatsanwalt völlig schuldos in U-Haft!

Der spektakulärste Prozess des Jahres enthüllt einen Justizskandal und eine in der Geschichte der Republik einzigartige Polizeischlappe: Staatsanwalt Wolfgang Mekis wird vorgeworfen, an einem Erpressungsversuch beteiligt gewesen zu sein.

Konkret soll „Russenlady" Valentina Hummelbrunner das Ziel seiner Erpressung gewesen sein. Tatsächlich führten Ermittler die Geschäftsfrau als Informantin über die Russen-Mafia. Mekis sitzt sechs Monate in U-Haft. Schuldlos. Denn beim Verfahren stellt sich heraus, dass die Anklage und die Einsatzgruppe zur Bekämpfung der organisierten Kriminalität (EDOK) keinen einzigen Beweis erbringen können. Freispruch auch für den beschuldigten Journalist Peter Lingens.

Justizgroteske um die „Russenlady" Valentina Hummelbrunner und Staatsanwalt Dr. Mekis.

58

SCHLAGZEILEN 1996 + + + SCHLAGZEILEN 1996 + + + SCHLAGZEILEN 1996 +

Grund zur Freude für alle Mountainbiker des Landes: Nach langem Zögern geben die Österreichischen Bundesforste ihre Wege für Bergradler frei. Und auch das Verhältnis zwischen den Wanderern, sogar Jägern und Mountainbikern hat sich entscheidend entspannt. Schließlich hat es sich in der Tourismusbranche herumgesprochen, dass die Bergradler eine interessante Zielgruppe sind...

Immer mehr Arbeitnehmer treten frühzeitig in den Ruhestand

Neue Österreich-Rekordmarke: Schon 170.000 Frühpensionisten

Die Zahl der Frühpensionen erreicht einen neuen Rekord: Mit Ende Februar sind bereits 171.853 Arbeitnehmer vorzeitig in den Ruhestand getreten – um 27.796 mehr als 1995. Somit ist jeder fünfte Rentner Frühpensionist.

Insgesamt gib es anno 1996 exakt 917.586 Pensionisten. Und da sich die Zahl der Frührentner bis zum nächsten Jahr auf 200.000 erhöhen soll, kündigt die Regierung an, den vorzeitigen Ruhestand durch schrittweise Erhöhung der Versicherungszeiten von 420 auf 450 Monate zu erschweren.

Außerdem soll die Frühpension wegen geminderter Arbeitsfähigkeit für Männer erst ab Vollendung des 57. Lebensjahres möglich sein. Ohne Frühpension-Bremse drohe das Pensionssystem zu kippen.

Mit einer Sektdusche feiert der Brite Damon Hill nach dem Sieg im letzten Rennen von Suzuka (Japan) seinen Titel als Weltmeister in der Formel 1. Er gewinnt somit vor seinem Williams-Stallkollegen, dem Kanadier Jacques Villeneuve. Übrigens: Hill ist der erste Fahrer, der ebenso wie sein Vater – der zweifache Formel-1-Champion Graham Hill – den Titel erobern

Foto des Jahres

Als bestes Nachrichten-Foto wird das berührende Bild des Starfotografen Charles Porter mit dem Pulitzer-Preis ausgezeichnet. Es zeigt einen Feuerwehrmann mit einem einjährigen Opfer des verheerenden Bomben-Attentates von Oklahoma City. 1995 kamen bei einem der schwersten Terroranschläge in der Geschichte der USA 168 Menschen ums Leben. Attentäter Timothy McVeigh wird im Juni 2001 durch eine Giftspritze hingerichtet.

+ SCHLAGZEILEN 1996 + + + SCHLAGZEILEN 1996 + + + SCHLAGZEILEN 1996

Tatort Wien:
- **Rote Paten schicken Killer**
- **3. Hinrichtung in der City**
- **Machtkampf um Geldwäsche**
- **„Krieg um Waffenhandel"**

Nach der dritten Hinrichtung eines Ost-Paten mitten in der Wiener Innenstadt ist für die Kriminalisten klar: Der lange Arm der Russenmafia reicht bis in die Donaumetropole. Wer sich nicht an die Spielregeln hält, wird liquidiert! Killer werden angeheuert, die die „Abtrünnigen" ins Visier nehmen – und eiskalt töten!

Am Anfang der blutigen Hinrichtungswelle steht das Attentat auf den Mädchenhändler Sergej Hodscha-Ahmedow. Er wird vor seinem Haus beim Döblinger Friedhof von zwölf Projektilen durchsiebt.

Ende Juni folgt der nächste Auftragsmord. Diesmal wird ein Geldwäscher exekutiert! Der 66-jährige, in Russland geborene Geschäftsmann Izrael Laster wird am helllichten Tag in seiner Floridsdorfer Wohnung mit einer Salve aus einer „Skorpion"-MP, dem klassischen Mordwerkzeug der Russen-Mafia, erschossen. Auch wenn sein Mörder, der 44-jährige Tihomir A. behauptet, sein Opfer habe ihm Geld geschuldet, ist die Polizei überzeugt: Der Bosnier hat im bezahlten Mafia-Auftrag gehandelt.

Zum Stern im Olympia-Chaos erstrahlt Österreichs Schwimmerin Vera Lischka bei den Sommerspielen in Atlanta (USA). Mit dem 5. Platz über 100 m Brust sorgt sie für das beste Schwimmergebnis seit 84 Jahren. Es hätten die schönsten Wettkämpfe der Sportgeschichte werden sollen. Doch die Organisation ist planlos, zudem überschatten zwei Terroranschläge die Spiele. Läuferin Theresia Kiesl mit Bronze über 1500 m und Sportschütze Wolfram Waibel jr. (Silber und Bronze) erobern die einzigen rot-weiß-roten Medaillen.

Jeder vierte Schüler ist bereits zu dick

Ärzte schlagen Alarm: Falsche Ernährung, zu wenig Zeit zum Essen und familiäre Belastung sind die Hauptgründe für Übergewicht im Kindesalter. Laut Untersuchungen bringt schon jedes zehnte Schulkind zu viele Kilos auf die Waage, bei den Zehn- bis Zwölfjährigen sogar sogar jedes Vierte! Zudem kommen Vitamine anstatt aus Äpfeln und Orangen aus Pillendosen.

Billige Geschäftemacherei nach „UFO-Sichtung"
Außerirdischer Ärger um Flugobjekte im Wald- & Weinviertel

Ganz im Banne unheimlicher Flugobjekte stehen zwei Gemeinden im Norden Niederösterreichs: Nach den UFO-Alarmen gibt es plötzlich UFO-G'spritzte, UFO-Krapfen, UFO-Kapperl und auch UFO-Leibchen, die findige Geschäftemacher aus dem Hut zaubern. Doch die irdischen Geschäftsflüsse dank der angeblich außerirdischen Landungen versiegen rasch. Denn „UFO-Alarm I" im Waldviertler Drosendorf beruht auf Schweizer-Krachern, und Flandorfs „UFO-Landeplatz II" wurde von Scherzbolden geschaffen.

▲ *Großer Rummel um den UFO-Schmäh. Ellipse im Feld: kein Landeplatz, sondern das Werk von Scherzbolden.* ▶

SCHLAGZEILEN 1996 + + + SCHLAGZEILEN 1996 + + + SCHLAGZEILEN 1996 +

im Fadenkreuz der Mafia!

▲ *Sanikidze wurde von zwei Georgiern (oben bei ihrer Verurteilung) in der Wiener City mit Schalldämpfer-Pistolen getötet. Aus Angst vor der Rache geben die Täter die Auftraggeber nicht preis.*

Laster war in Wien zur „Nr. 1 der Geldwäscher" geworden: Allein in den Wochen vor seinem Tod hat das Attentatsopfer in verschiedenen Bankfilialen 250 Millionen Schilling (18 Mio. €) eingezahlt. Ein Konkurrent dürfte das Todesurteil über ihn gesprochen haben.

In der Annagasse, unweit vom Stephansdom, kommt es drei Wochen später zur aufsehenerregendsten Hinrichtung: Zwei junge Männer liquidieren David Sanikidze, Statthalter der georgischen Mafia. Mit besten Kontakten zu Staatschef Eduard Schewardnadse dürfte der 50-Jährige im Waffenhandel zu groß geworden sein.

◀ *Geldwäscher Izrael Laster wurde zu groß im Wiener Geschäft. Konkurrenten schickten einen Killer.*

▲ *Auftragsmörder Tihomir bei der Verhaftung. Er tötete mit einer „Skorpion"-MP.*

+ SCHLAGZEILEN 1996 + + + SCHLAGZEILEN 1996 + + + SCHLAGZEILEN 1996

Auch Tarnkappenbomber zeigen kaum Wirkung
US-Vergeltungsschlag bleibt leerer Denkzettel an Saddam

Als Antwort auf Saddam Husseins Einmarsch in das alliierte Kurdengebiet im Nord-Irak lässt US-Präsident Bill Clinton 27 „Vergeltungs-Raketen" auf den Irak abfeuern. Völlig unbeeindruckt eröffnet darauf der Diktator das Feuer auf amerikanische Flugzeuge. Erst als die US-Armee ihre Wunderwaffe, den „Tarnkappenbomber", einsetzen, ziehen sich die Iraker zurück. Hintergrund ist offenbar eine Stärkedemonstration des US-Präsidenten. Da ihm vorgeworfen wird, sich seinerzeit vorm Vietnam-Krieg gedrückt zu haben, will er nun im Wahlkampf militärisch punkten.

Nachdem Saddam die USA mit dem Einmarsch ins Kurdengebiet einmal mehr provoziert hat, greift Clinton zur Superwaffe: Tarnkappenbomber fliegen Angriffe, worauf sich die Iraker zurückziehen.

Heiße Traumfrau & kühle Hände. – Da werden selbst Adabei die Knie weich. Bei der Präsentation eines Schweizer Chronometers in Mailand nimmt sich US-Megamodel Cindy Crawford Zeit, um „Krone"-Mann Michael Jeannée ihr Herz auszuschütten. Der heißblütige Adabei hält die kühlen Hände der Traumfrau aus Illinois und erfährt, dass sie Eierspeis' selbst kocht und „Mister Mozart famous" findet.

Das Billa-Reich geht an Deutsche
Supermarkt-König Wlaschek gibt Konzern an „Rewe" ab!

„Österreichs Supermarkt-König Karl Wlaschek verkauft einen Großteil seines Imperiums an den deutschen Rewe-Konzern." Mit dieser Exklusivmeldung beweist Georg Wailand, Ressortleiter der Wirtschaftsredaktion, einmal mehr, dass die „Krone" immer topinformiert ist. Wlaschek erhält mehr als zehn Milliarden Schilling (726 Mio. €) für sein Lebenswerk.

Zahl der Trauungen sinkt beständig
Österreicher entwickeln sich zu „Ehe-Muffeln"

Frau und Herr Österreicher entwickeln sich immer mehr zu „Ehe-Muffeln". Einerseits sinkt die Zahl der Hochzeiten beständig, andererseits ist ein neuer Rekord an Scheidungen (+7,5%) zu verzeichnen. Tauschten anfangs der 1990er-Jahre noch mehr als 46.000 Brautleute verliebt die Ringe, so werden anno 1996 nur noch 42.946 Aufgebote bestellt.

Die Welt zittert um die Zukunft in Nahost:
Radikaler Israeli erschießt bei Friedensfeier Premier Rabin

Yigal Amir (23) tötet den friedliebenden Rabin. ▼

Ausgerechnet bei einer Friedenskundgebung in Tel Aviv tötet ein radikaler Attentäter Israels Premierminister Rabin. Hunderttausende geschockte Augenzeugen sehen, wie der 73-Jährige, von drei Kugeln getroffen, sterbend zusammenbricht.

„Ich bin zufrieden. Der Mordbefehl kam vom Himmel", sagt der verhaftete Attentäter Yigal Amir im Verhör. Als Anhänger der ultrareligiösen militanten Rechten, deren Ziel das Abbrechen des Friedensprozesses ist, sieht er in Rabin einen „Verräter Israels". Der angeschossene Friedensnobelpreisträger Rabin wird zwar noch ins Spital eingeliefert, doch die Ärzte können sein Leben nicht mehr retten. In Israel herrscht nach dem Anschlag tiefe Trauer. Die Welt bangt um den Nahostfrieden. Am Begräbnis Rabins nehmen 2500 Politiker und Staatsmänner aus aller Welt teil – unter anderem zum ersten Mal Jordaniens König Hussein und Ägyptens Mubarak.

SCHLAGZEILEN 1996 + + + SCHLAGZEILEN 1996 + + + SCHLAGZEILEN 1996 +

28.000 Robben, die Hälfte erwachsene Tiere, die andere Hälfte Junge, werden nach dem Willen der norwegischen Regierung abgeschlachtet. Begründung: Die Robben fressen im Atlantik zu viele Fische und graben der Fischereiindustrie das Wasser ab. Tatsächlich ist Überfischung der Grund für den Rückgang von Fischarten; der Handel mit „Blutpelzen" soll wiederbelebt werden.

Robben-Massaker für „Blutpelze"

Krone-Chronik

● Aus Angst vor einer russischen Invasion legten die Amerikaner im Kalten Krieg (1950–1954) CIA-Waffenlager für 850 Widerstandskämpfer in Österreich an. Nun geben sie die Lagepläne bekannt: Tausende vergrabene Pistolen, Karabiner, Maschinengewehre und Panzerabwehrgranaten werden im Zuge der „Aktion Wühlmaus" freigelegt.

● Sabotageverdacht um einen Todesflug nach Salzburg: Ein Jet aus Berlin stürzt vor der Landung wie ein Stein zu Boden und zerschellt. Alle zehn Insassen verbrennen. Da geprellte Anleger, Mafiosi und Geheimdienstbosse an Bord waren, wird Sabotage nicht ausgeschlossen.

Richter: „Die Angeklagte ist heimtückisch und geldgierig."

Giftmordprozess: Lebenslang für die „Schwarze Witwe"!

„Lebenslang! Wegen Mordes aus Heimtücke und Geldgier", dieses Urteil verhängt der Kremser Richter über Elfriede Blauensteiner (66). Die „Schwarze Witwe" wird schuldig gesprochen, den Pensionisten Alois Pichler (77) vergiftet zu haben.

◄ Peinlicher Prozess-Auftritt mit Kruzifix. – Elfriede Blauensteiner hat Alois Pichler mit „Anafrantil" und „Euglucon" geschwächt und durch Unterkühlung getötet.

Aufgeflogen ist der erste Giftmord erst durch die Anzeige eines Wahlneffen, der den natürlichen Tod des Rentners aus Rossatzbach (NÖ) angezweifelt hat. Kriminalisten der Mordabteilung (Gruppe Windisch) verhaften Blauensteiner im Jänner 1996 und decken auf, dass sie als Inserat-Bekannte Alois Pichler in den letzten Wochen vor seinem Tod nur aus einem einzigen Grund gepflegt hat: Sie ist spielsüchtig und will sein Geld: Sechs Millionen Schilling (436.000 Euro). Deshalb fälscht sie vor dem Mord mit ihrem Anwalt das Testament des Rentners.

Über schaurige Details aus dem Prozess anno 1997 berichtet „Krone"-Redakteur Christian Hauenstein: „Sie verabreichte Pichler ‚Anafrantil', entkleidete ihn, öffnete das Fenster und sperrte den Hilflosen im kalten Zimmer ein. Am nächsten Tag half der Anwalt dabei, den Geschwächten in die Badewanne zu legen, wo er dann starb."

2001 wird Blauensteiner wegen zwei ähnlicher Fälle ebenfalls wegen Mordes verurteilt – 2003 stirbt sie an einem Tumor.

+ SCHLAGZEILEN 1997 + + + SCHLAGZEILEN 1997 + + + SCHLAGZEILEN 1997

Welt trauert um die Königin

- **Die Flucht vor Paparazzi endet fatal**
- **Lady Di stirbt bei Horrorcrash in Paris**
- **2,5 Milliarden sehen das Begräbnis**

Einstige Traumhochzeit endet im Albtraum.

Am Morgen des 31. August schlägt eine Nachricht wie eine Bombe ein: Lady Diana – „Königin der Herzen" – ist tot! Selten hat eine Meldung die Welt so erschüttert. Dianas Leben zwischen royalem Prunk und tiefster Enttäuschung endet im Wrack einer Limousine. Sie stirbt wie sie lebte. Gejagt von einer Medienmeute, zerschellt ihr Mercedes an einer Pariser Tunnelwand. Auch ihr Geliebter Dodi al-Fayed überlebt den Horrorcrash nicht.

Seit ihrer Hochzeit mit Charles 1981 wird die als Diana Spencer geborene „Princess auf Wales" von Sensationsfotografen verfolgt. Auch nach ihrer Scheidung (1996) bleibt „Lady Di" im Fokus der Paparazzi. Sie will ein neues glückliches Leben führen und sich aus der Öffentlichkeit zurückziehen. Doch das Schicksal verwehrt ihr auch diese Chance.

Am 30. August nimmt die Tragödie ihren Lauf: Diana und ihr Freund, Multimilliardär Dodi al-Fayed, dinieren im Pariser Ritz Hotel. Im Ägypter (41) scheint die 36-Jährige einen Seelenverwandten gefunden zu haben. Da das Restaurant erneut von Paparazzi belagert wird, soll ein Sicherheitsmann die beiden nach Hause bringen. Was sie nicht wissen: Chauffeur Henri Paul hat Antidepressiva genommen und ist schwer alkoholisiert, (1,8 Promille!) als er sich hinter das Steuer setzt. „Ihr werdet uns nie kriegen!", ruft er den lauernden Fotografen noch zu …

Ein Auftakt zu der tödlichen Jagd durch Paris: Sieben Paparazzi heften sich hinter die schwarze Limousine. In einem Tunnel prallt der Mercedes dann gegen einen Pfeiler: Die Tachonadel bleibt bei 196 km/h stecken. Während der Fahrer und Dodi sofort tot sind stirbt Diana Stunden später im Spital.

Die weltweite Trauer sprengt alle Erwartungen. Und da das Königshaus anfänglich herzlos mit kühler Distanziertheit reagiert, hagelt es Kritik gegen die Royals. Erst als Queen Elizabeth II. die Flaggen auf Halbmast setzen lässt und ein Begräbnis wie für eine Königin veranlasst, glätten sich die Wogen.

▲ *Der Earl of Spencer (li.), Dianas Bruder, und Ex-Mann Prinz Charles folgen mit den Söhnen dem Sarg. – Elton John verabschiedet sich mit „Candle in the Wind".* ▼

SCHLAGZEILEN 1997 +++ SCHLAGZEILEN 1997

der Herzen!

Die Queen und Prinz Philipp inmitten des riesigen Blumenmeers, dem sichtbaren Beweis für die Beliebtheit der verstorbenen Lady Diana. ▼

▲ Der Mercedes kracht mit 196 Sachen gegen die 13. Säule. – Letzte Urlaubsfotos und das überhaupt letzte Bild, das die am häufigsten fotografierte Frau der Welt und Freund Dodi al-Fayed beim Hotelausgang zeigt. ▶

▲ Diana: weltweit beliebt wegen ihres Einsatzes gegen Minen. – Bewegend: ihr Treffen mit Mutter Teresa (o.).

+ SCHLAGZEILEN 1997 + + + SCHLAGZEILEN 1997 + + + SCHLAGZEILEN 1997

Konsumenten wollen kein „Frankenstein-Gemüse" oder „Labor-Obst", sondern

Bürger gegen

Die Österreicher wollen keine Gen-Technik in Lebensmitteln. Das ist das unmissverständliche Ergebnis des Gen-Volksbegehrens, das von 1,23 Millionen Bürgern unterschrieben wird – und als erfolgreichstes parteiunabhängige Volksbegehren aller Zeiten in die Geschichte eingeht. Ein Engagement zum Schutz für Mensch und Tier – ein Signal an Europa!

In einem historisch einmaligen Schulterschluss schließen sich Kirchenvertreter, Österreichs Bio-Bauern, die Tierschützer von „Vier Pfoten" sowie die zwei renommierten Umweltorganisationen GLOBAL 2000 und Greenpeace zusammen, um den Kampf gegen die drohende Vergewaltigung der Natur aufzunehmen.

Unterstützt werden sie von den großen Supermarktketten Billa, Spar und Meinl, die sich ganz im Sinne vieler besorgter Konsumenten ebenso offensiv gegen Gen-Lebensmittel und für deren lückenlose Kennzeichnung einsetz-

▲ „Gen-Riesenjubel" im Wiener Naturhistorischen Museum. GLOBAL 2000-Experten Ulli Sima und Lothar Lockl deckten in Absdorf (NÖ) den ersten illegalen Anbau von Gen-Erdäpfeln auf. ▶

Pleiten, Pech & Pannen um Vignette

In einen Skandal artet die Einführung der österreichischen Autobahnmaut aus: Erstens gibt es viel zu wenige Vignetten, zweitens werden sie nicht in Österreich produziert, und drittens lösen sie sich von den Windschutzscheiben. Minister Farnleitner löst die verantwortliche Gesellschaft auf. Lichtblick: die „Kultfigur" des Vignettenmanns.

Alarm um drogensüchtige Autofahrer

Was schon lange vermutet wurde, belegt eine Schwerpunktaktion der Polizei: von 100 Autofahrern zwischen 20 und 30 Jahren sind im Schnitt fünf alkoholisiert. Und drei im Drogenrausch unterwegs – doch die Beamten sind nahezu machtlos. Denn Suchtgifttestgeräte werden nicht angeschafft, da sich das Verkehrsministerium querlegt.

Heikle Bergung des Donau-Wracks
Totenschiff „Dumbier" gibt seine Opfer frei

Zu einer Zerreißprobe entwickelt sich die Bergung des Wracks des slowakischen Schubschiffes „Dumbier" aus der Donau. In der heftigen Strömung bersten immer wieder armdicke Stahlseile. Erst nach Wochen, in denen Einsatzleiter Karl Brandtner das Unmögliche schafft, wird der 130-Tonnen-Stahlklotz geborgen. Und die acht Leichen der im stählernen Sarg eingeschlossenen Matrosen können aus dem Wasser geholt werden. Das Schiff war vor Jahreswechsel nach dem Ausfall der Ruderanlage im Schleusenbereich des Kraftwerks Freudenau an einer Wehranlage zermalmt worden.

Einsatzleiter Brandtner (kl. Foto) gelingt es, das Wrack der „Dumbier" zu bergen.

66

SCHLAGZEILEN 1997 + + + SCHLAGZEILEN 1997 + + + SCHLAGZEILEN 1997 +

„Bio" ● 1,23 Millionen Unterschriften!

die Gen-Technik

ten. Die Konsumentenschützer überzeugen die Menschen mit schlagkräftigen Argumenten. Dazu kommt, dass mit dem „Forum österreichischer Wissenschafter für den Umweltschutz" 350 Top-Experten im Vorfeld des Volksbegehrens vor den Gefahren der Gen-Technik warnen. Schließlich herrscht Misstrauen gegenüber unkontrollierten Versuchen und dem hemmungslosen Forschungstrieb.

„1,23 Millionen Unterschriften gegen den Gen-Wahnsinn sind ein Beweis für den gesunden Menschenverstand des Volkes", so Kolumnist DDr. Günther Nenning, der verspricht, „dass die ‚Krone' am Ball bleiben wird".

Zwei Gallier als Bestseller

Asterix und Obelix, die zwei liebenswerten Gallier, deren größtes Vergnügen darin besteht, Römer zu verprügeln, führen in Frankreich anno 1997 mit ihrer abenteuerlichen Seefahrtsgeschichte den Buchmarkt an. Der Comic-Band aus der Feder von Albert Uderzo verkauft sich 2,9 Millionen mal. Somit liegen die „Gallier" in der Belletristik vor den Memoiren von Brigitte Bardot.

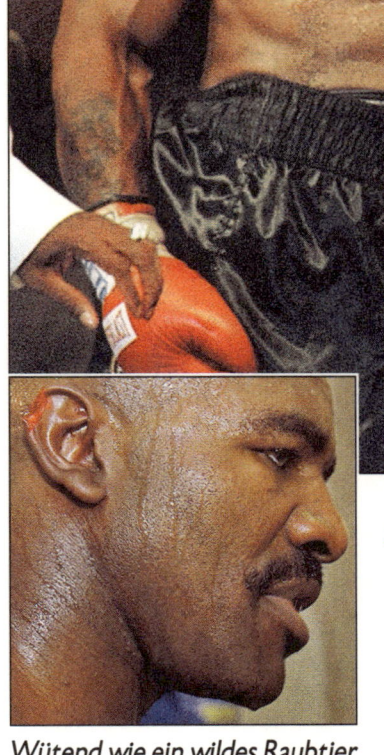

Ihren Lebensbaum auf der Wiener Himmelwiese pflanzen Weltstar Klaus-Maria Brandauer und „Krone"-Herausgeber Hans Dichand gemeinsam: Laut keltischem Baumhoroskop ist der Schauspieler ein Feigenbaum und Dichand im Zeichen der Zypresse geboren. Die „Krone" unterstützt die große Umweltaktion als Zeichen gegen die Gen-Technik.

Wütend wie ein wildes Raubtier beißt Tyson (o.) Gegner Evander Holyfield ein Stück Ohr ab.

„Iron Mike" dreht durch

Tyson beißt Gegner ein Stück Ohr ab!

Mit einem der größten Skandale der Box-Geschichte endet der Schwergewichts-WM-Kampf zwischen Mike Tyson und dem regierenden Weltmeister Evander Holyfield (34) in Las Vegas (USA): In der 3. Runde wird „Iron Mike" disqualifiziert, weil er den Weltmeister zweimal gebissen und mit den Zähnen sogar ein Stück aus dem rechten Ohr gerissen hat. Tyson (30), der den Zahnschutz – vom Ringrichter unbemerkt – ausgespuckt hatte, schnappte wie der Weiße Hai zu und fetzte ein 2,5 Zentimeter langes und acht Millimeter breites Stück aus Holyfields Ohr. Nach dem Abbruch kommt es zu wilden Tumulten. Der tobende Tyson wird für ein Jahr gesperrt und für seinen bisswütigen Anfall zu einer Geldstrafe von drei Millionen Dollar verdonnert.

+ SCHLAGZEILEN 1997 + + + SCHLAGZEILEN 1997 + + + SCHLAGZEILEN 1997

Hofübergabe der SPÖ erfolgt im Blitztempo ● Fünf Neue und nur zwei „Alte" in

Klimawechsel in der Regierung

Politischer Knalleffekt zu Jahresbeginn: Kanzler Franz Vranitzky tritt nach zehn Jahren Amtszeit zurück, sein Nachfolger wird Viktor Klima. Der Hofwechsel in der SPÖ erfolgt im Blitztempo, und der neue Regierungschef krempelt alles um: In der neuen roten Minister-Riege – in nur einer Woche aufgestellt – sind nur noch zwei „Alte", dafür fünf Neue zu finden.

Während Insider behaupten, Vranitzky sei nach der SPÖ-Schlappe 1996 (von 38,1 auf 29,2%) zunehmend amtsmüde geworden, präsentiert dieser andere Motive für seinen Rücktritt. „Es war wichtig, das Amt in einer Zeit zu übergeben, in der das Land nicht mit Regierungs- oder Budgetkrisen belastet wird", so Vranitzky.

Voller Tatendrang will Klima seiner Partei neuen Schwung geben. Nur zwei Regierungsmitglieder der Vranitzky-Garde überleben seine Personalrochaden: Caspar Einem, der dank seiner Basis am ultralinken Flügel vom In-

▲ *Hofübergabe: Klima übernimmt das Kanzleramt von Vranitzky. Ebenso „medienspontan" wie Klima bei einer Hochwasserkatastrophe vor den Kameras geholfen hat, wird der inszenierte Gummistiefeleinsatz kritisiert.*

Klimawandel: die rote Regierungsriege und ihr Kanzler

Nationalelf schafft WM-Qualifikation

Mit einem 4:0 gegen Weißrussland gelingt unserer Nationalelf ein krönender Abschluss der WM-Qualifikation. Als Gruppensieger ist das rot-weiß-rote Team somit bei der Weltmeisterschaft in Frankreich 1998 fix dabei. Die anschließende Siegesfeier der Österreicher wird zum Fußballfest. „Mit sechs Erfolgen hintereinander und der imponierenden Tordifferenz von 14:1 trägt sich dieses Team in die Rekordbücher des österreichischen Fußballs ein", so Redakteur Peter Linden über die Ballkünstler. Toni Polster und Didi Ramusch heben Teamchef Herbert Prohaska (Foto) auf die Schultern.

SCHLAGZEILEN 1997 + + + SCHLAGZEILEN 1997 + + + SCHLAGZEILEN 1997 +

der Minister-Riege ist fix!

nen- ins Verkehrsressort wechselte, und Beamtenstaatssekretär Karl Schlögl, der zum Innenminister avanciert. Prominentestes Opfer der Personalpolitik: Zukunftsminister Scholten.

Das Finanzressort übernimmt Rudolf Edlinger mit Staatssekretär Ruttenstorfer. Eleonore Hostasch wird Gesundheitsministerin, Barbara Prammer Frauenministerin und Peter Wittmann wechselt als Staatssekretär ins Bundeskanzleramt.

Callboy & Serienkiller tötet Modezar Versace

Der weltberühmte italienische Modeschöpfer Gianni Versace (50) wird vor seiner Luxusvilla in Miami Beach (USA) von einem 27-jährigen Serienkiller erschossen. Das Motiv wird nie geklärt, weil sich der Mörder wenige Tage später das Leben nimmt. Angeblich deshalb, da er AIDS hatte.

Die Rocklegenden der US-Kultband Kiss erleben bei ihrer Österreich-Tour ihren zweiten Frühling. Von manchen als „Rock-Opas" abgetan, beeindrucken die Pop-Monster mit schrägem Outfit und einer faszinierend schrecklichen Bühnenshow: Vom Blutzauber bis zu feuerspeienden Gitarren bieten die Fratzen-Gesichter dem Publikum Horror pur. Und bei „I was made for loving you" droht jede Konzerthalle vor Begeisterung zu bersten.

Nach 156 Jahren britischer Herrschaft:
Hongkong ist wieder im Schoß des roten Drachen

Das Wirtschaftswunder kehrt heim! In der Nacht zum 1. Juli wird Hongkong nach 156 Jahren britischer Regentschaft zurück an China übergeben. Um Mitternacht holt man den „Union Jack", die britische Flagge, ein. Unter den Augen der Weltöffentlichkeit – die Feier wird von Hunderten TV-Anstalten live gesendet – übergibt Gouverneur Chris Patten die Kronkolonie an Nachfolger Tung Chee. Und die neuen Machthaber in Peking zeigen gleich am Tag danach aller Welt, wer der neue Herr in der Handelsmetropole ist: Sie lassen 4000 Elitesoldaten einmarschieren. Das Schicksal der sechs Millionen Hongkong-Chinesen liegt nun in den Händen des kommunistischen Pekings.

◀ *Machtjubel in China: 4000 Elitesoldaten marschieren in Hongkong ein; die Stadt ziert Briefmarken.*

Erstmals geigen Frauen bei Philharmonikern auf

Ein zehn Jahre alter „Geschlechterstreit", der zuletzt mutwillig zum Skandal hochgespielt wurde, ist bereinigt: Das Staatsopernorchester – großteils ident mit den Wiener Philharmonikern – erklärt sich bereit, auch Frauen aufspielen zu lassen. Eine interne Abstimmung besagt, dass weibliche Künstlerinnen zum Vorspielen antreten dürfen und bei Bestqualifikation als Philharmonikerinnen aufgenommen werden. Somit endet der Konflikt harmonisch.

+ SCHLAGZEILEN 1997 + + + SCHLAGZEILEN 1997 + + + SCHLAGZEILEN 1997

▲ *Anarchie: Massenflucht per Helikopter – Im Chaos erbeuten die Räuber aus Kasernen Waffen und beginnen zu plündern...*▼

Pyramidenspielbetrug löst blutiges Chaos aus

Albtraum Albanien – Ein Land versinkt in Anarchie

Ein staatlich unterstütztes Pyramidenspiel, das zusammenbricht und Tausende Albaner um ihre Ersparnisse bringt, löst ein Chaos aus: Das Land versinkt in Blut – eine internationale Truppe beendet die Anarchie.

Über Monate versprechen Keiler eines Pyramidenspiels den Albanern Reichtum. Da auch viele Politiker die Aktion unterstützen, verkaufen Hunderte Hab und Gut für die „Glücksaktien". Doch als das Pyramidenspiel wie ein Kartenhaus zusammenbricht, entflammt der Volkszorn: Mitarbeiter des Glücksspiels werden gelyncht, Polizisten und Politiker verprügelt. Der Flächenbrand führt zu Anarchie. Erst eine internationale Truppe aus 6000 Soldaten beendet den Bandenterror.

Aufatmen –
● Psychopath Franz Fuchs zündet bei Kontrolle „Höllenmaschine" – und entlarvt sich dadurch selbst.

Briefbombenopfer Zilk vertraute immer auf Gott und die Gerechtigkeit! Im Zeugenstand sagt er: „Ich empfinde weder Hass noch ein Gefühl der Rache, ich will Fuchs auch nicht treffen. Sein irrer Blick, den ich im Fernsehen gesehen habe, hat mir genügt."

Vier Jahre lang hielt er das Land als „Bajuwaren-Bomber" in Atem. Mit sechs Briefbomben-Serien und dem Vierfachmord von Oberwart sorgte er für Terrorangst. Am 1. Oktober 1997 endet im steirischen Gralla der bislang größte Kriminalfall der 2. Republik: Franz Fuchs sprengt sich bei einer Kontrolle beide Unterarme weg!

Auf das Konto des 48-jährigen Sonderlings gehen 22 Briefbomben-Anschläge – unter anderem gegen Wiens Altbürgermeister Helmut Zilk – und drei Rohrbomben-Attentate. Das folgenschwerste kostete im burgenländischen Oberwart 1995 vier Roma das Leben!

Als „Austria 3" bilden Georg Danzer, Wolfgang Ambros und Rainhard Fendrich das stärkste Trio des Landes. Auf Mallorca bereiten sich Österreich „große Drei" auf ein Konzert der Superlative vor. In Wien treten sie gemeinsam auf – der Erlös kommt Obdachlosen zu Gute.

SCHLAGZEILEN 1997 + + + SCHLAGZEILEN 1997 + + + SCHLAGZEILEN 1997 +

Bombenhirn ist gefasst!

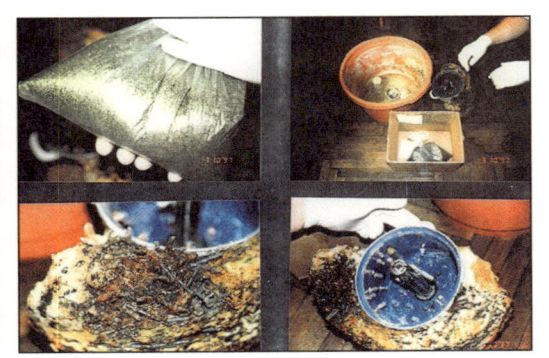

▲ *In seinem Haus in Gralla (Stmk.) wird belastendes Material sichergestellt: Von Nitroglycerin bis zum Wasser der Oberwarter Todesbombe. – Vor seinem Auto (Bild unten) sprengte sich Franz Fuchs beide Unterarme weg.* ▶

Es ist nicht allein „Kommissar Zufall", dass Franz Fuchs in jener Nacht bei einer Gendarmerie-Routinekontrolle die Nerven verliert, eine „Höllenmaschine" zündet und sich damit letztlich selbst verrät.

Mit modernsten Methoden, Rasterfahndung und einem exakten Täterprofil des Polizeipsychologen Peter Müller war ihm die Exekutive bereits auf der Spur. Und: Die Terror-Ermittler um Generaldirektor Michael Sika hatten den Fahndungsdruck erhöht. Sie ließen nämlich durchsickern, dass sie aufgrund von Restwasseranalysen wussten, dass der Bomber in der Südsteiermark zu Hause sein muss...

Beim Prozess wird Fuchs zwei Jahre später dann als Einzeltäter zu lebenslanger Freiheitsstrafe verurteilt.

Sein Auftritt vor Gericht ist schaurig, widerwärtig, abstoßend und einzigartig in der österreichischen Justizgeschichte. Denn als Fuchs in den Saal geführt wird, brüllt er hasserfüllt rassistische, antisemitische sowie ausländerfeindliche Hetzparolen. – Fuchs einzig und allein war die „Bajuwarische Befreiungsarmee."

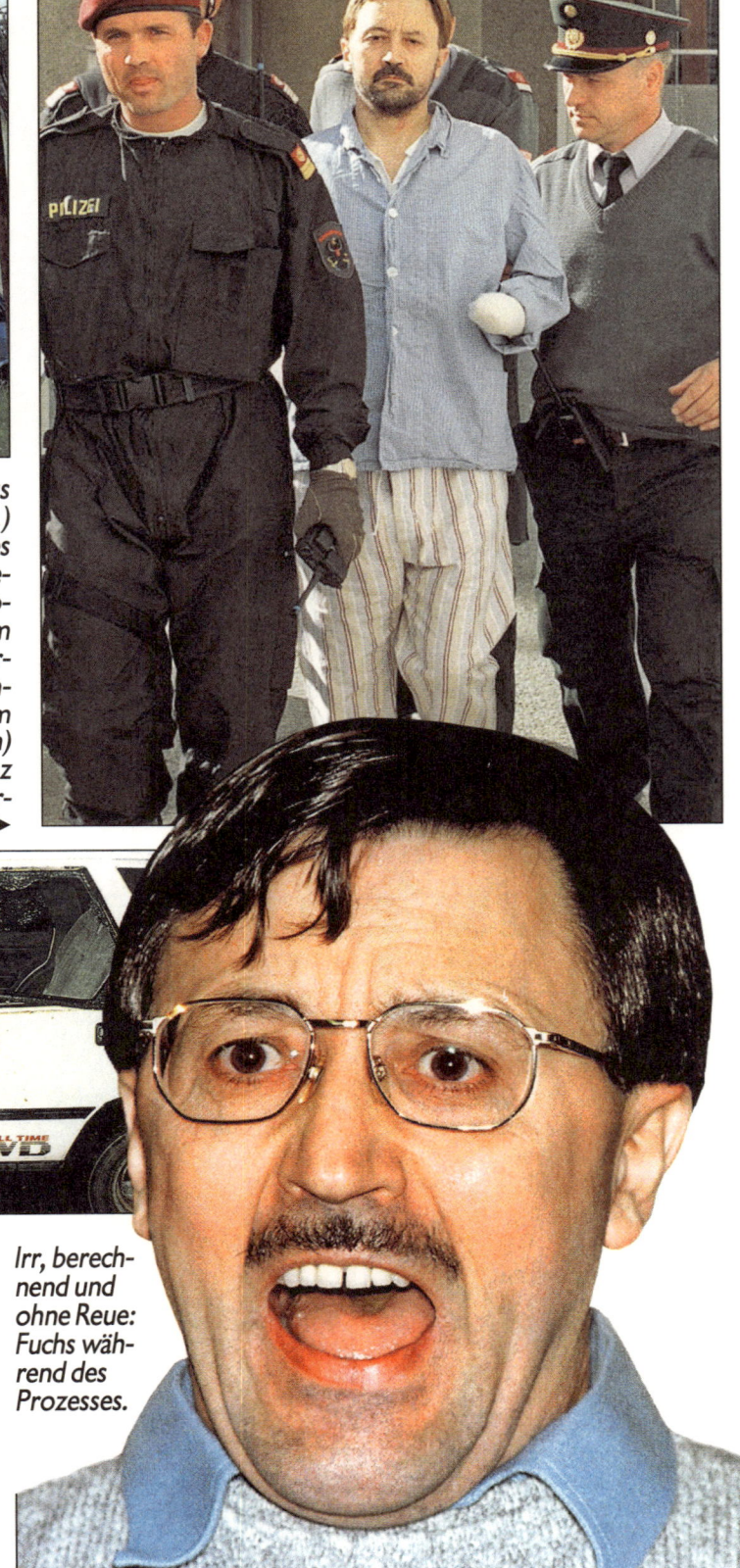

Irr, berechnend und ohne Reue: Fuchs während des Prozesses.

+ SCHLAGZEILEN 1998 + + + SCHLAGZEILEN 1998 + + + SCHLAGZEILEN 1998

Peinliche Befragung von Clinton weltweit
Präsident steht nach im Weißen Haus am

Peinlich, entwürdigend, beklemmend – so empfinden die meisten Amerikaner eine beispiellose Kampagne, die gegen US-Präsident Bill Clinton geritten wird und ihn vernichten soll. Denn der Bericht über seine Sex-Affäre mit Monica Lewinsky wird in allen pikanten Details veröffentlicht – doch der Schuss geht nach hinten los!

Als Überstar der WM in Frankreich entzaubern Zinédine Zidane und seine „Equipe Tricolore" im Finale die Ballkünstler aus Brasilien. Frankreich jubelt mit seinem 3:0 über seinen ersten Weltmeistertitel! Österreich hingegen erzittert zwei Unentschieden gegen Kamerun und Chile. Die Niederlage gegen Italien bedeutet dann das vorzeitige Aus.

Nachdem Clinton die Präsidentschaftswahl 1996 klar gegen Bob Dole gewonnen hatte, bläst der „republikanische" Sonderermittler Kenneth Starr nun zur Hinrichtung Clintons: Es geht um die Affäre mit der Praktikantin Monica Lewinsky. Ein Amtsenthebungsverfahren soll den mächtigsten Mann der Welt stürzen.

Als Beweis dient vor allem ein blaues Cocktail-Kleid mit Spermaspuren des Präsidenten. Zudem wird der

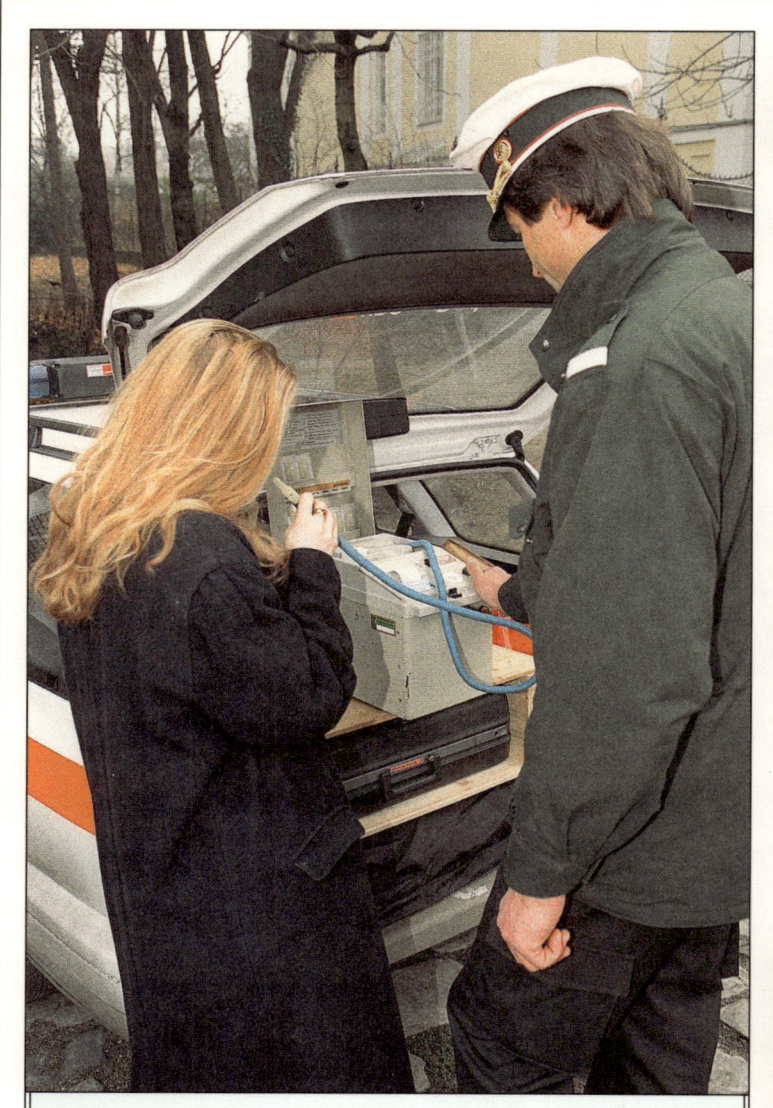

Strengere Alkohol-Grenze: Ab jetzt gelten 0,5 Promille

Trockenere Zeiten für Österreichs Autofahrer: Die Alkohol-Kontrollen auf unseren Straßen werden ab 1998 schärfer! Per Gesetz tritt ab dem Dreikönigstag die neue 0,5-Promille-Alkohol-Grenze in Kraft. Die Novelle sieht weit härtere Strafen für ertappte Promillelenker vor als bisher, wobei sich die Sanktionierungen je nach dem Grad der Trunkenheit richten. Ein Paragraph beinhaltet auch, dass bis 0,49 Promille bestraft wird: Besitzer von Probeführerscheinen müssen zur Nachschulung, Mopedfahrern bis 20 Jahren sowie Fahrschülern droht eine Geldstrafe bis zweitausend Euro.

Teuerster Film auch größter Kinohit aller Zeiten
Titanic sprengt Rekorde

Die Titanic ist eine Geschichte der Rekorde: Sie war der größte, schnellste und „sicherste" Luxusdampfer der Welt. So ist es nur folgerichtig, dass die Neuverfilmung von James Cameron mit Leonardo di Caprio und Kate Winslet in den Hauptrollen und einem Einspielergebnis von 1,8 Milliarden Dollar alle Kassenrekorde sprengt – und elf Oscars gewinnt.

Teure Panne bei Präsentation des neuen Mercedes
„A-ffäre" um den Elchtest

Der neue Kompakte von Mercedes, die A-Klasse, macht weltweit Schlagzeilen – aus Sicht des Konzerns aber keine positiven. Denn beim „Elch-Ausweichtest" in Schweden, bei dem mit 60 Stundenkilometern ein Haken geschlagen werden muss, kippt das von einem Journalisten gesteuerte Auto um. Fazit: Alle A-Klasse-Modelle werden nachgerüstet und fortan „kippsicher".

SCHLAGZEILEN 1998 + + + SCHLAGZEILEN 1998 +

im Internet zu sehen
Sexaffäre Pranger!

Untersuchungsbericht ungekürzt im Internet präsentiert: Die Welt erfährt, dass die beiden zehn Mal sexuellen Kontakt hatten, wie die 22-Jährige Clinton im Oval Office oral befriedigte, wie sie sich für ihn eine Zigarre einführte usw. Als dann auch noch das vierstündige Verhör-Video ausgestrahlt wird, schlägt das Pendel um.

Denn inzwischen empört die Amerikaner die heuchlerische Art, wie mit der Affäre umgegangen wird. Zudem fasziniert die Menschen die Tapferkeit, mit der Hillary zu ihrem Mann steht. Der Präsident legt ein Halbgeständnis ab, demzufolge er nur Oralsex mit Lewinsky hatte – und bleibt im Sattel!

Krone-Chronik

● Frank Stronach, der Austro-Kanadier aus der Steiermark, gibt kräftig Gas. Der von ihm kontrollierte Autozulieferkonzern Magna übernimmt Steyr-Daimler-Puch. Konkret erwirbt Stronach das 66-Prozent-Aktienpaket der Creditanstalt an der Steyr AG.

● Die Falschmeldung, der ehemalige österreichische Bundespräsident Kurt Waldheim sei als Offizier während des Zweiten Weltkrieges Mitglied der SS gewesen, wird im Februar 1998 – mit reichlicher Verspätung – von der britischen Tageszeitung „Evening Standard" öffentlich korrigiert.

● Der weltbekannte Schöpfer der noblen Sportwagenmarke Porsche, Professor Dr. Ferdinand „Ferry" Porsche, stirbt im 89. Lebensjahr in Zell am See (Salzburg) im Beisein seiner Familie.

◄ *Fotobeweis von Monicas Besuch im Weißen Haus. – Clinton liefert fadenscheinige Rechtfertigungen für die pikante Affäre mit der Praktikantin.* ▼

Nach Streit um Hund rastet Box-Champion „Rocky" aus:
Weltmeister schlägt Hausmeister K.o.

Ein Wiener Hausmeister, der mit seinem Kind spielt und sich über einen freilaufenden Hund beschwert. Ein deutscher Box-Champion, der mit einer ansatzlosen Geraden die Ehre seines Vierbeiners verteidigt – das ist Brutalität. Den Gong zur zweiten Runde gibt's vor Gericht.

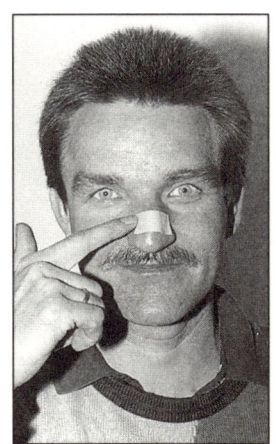

◄ *K.o.: Wiener Hausmeister Johannes Werner. „Habe in Notwehr zugeschlagen", so verteidigt sich der deutsche Boxchampion Graciano Roccigiani bei der Verhandlung.* ▶

„Die Aufforderung ‚Hau zu, wenn's dich traust' war mutig, im konkreten Fall aber fatal", meint Richter Peter Loibl. Denn Graciano Roccigiani (35), deutsches Box-Idol und früherer Weltmeister im Supermittelgewicht, beendete den Streit im Prater mit einem trockenen Haken. Da er nichts vom Leinenzwang gewusst hätte, habe er ungehalten reagiert, als Hausmeister Johannes Werner ihn ermahnt hatte. Ein Wort habe das andere ergeben, und als der freche Wiener auch noch schimpfte „Piefke schleich di", habe er zugeschlagen. Der Prozess endet mit einer bedingten Verurteilung.

+ SCHLAGZEILEN 1998 + + + SCHLAGZEILEN 1998 + + + SCHLAGZEILEN 1998

Österreichs Poplegende verunglückt in
Weltstar Falco:

13 Tage vor seinem 41. Geburtstag wird Österreichs erfolgreichster Popstar aller Zeiten bei einem Horrorcrash in der Dominikanischen Republik getötet. Ein Bus rammt den Geländewagen des als Hans Hölzel geborenen Wieners. Eingeklemmt im Wrack stirbt Weltstar Falco noch am Unfallort. Schicksalshafte Umstände machen seinen Tod rasch zum Mysterium . . .

◀ *Falco und seine Mama – ein Herz und eine Seele. Nachdem sein Vater die Familie 1967 verlassen hatte, war Mutter Maria Hölzel die zentrale Figur in Hans' Leben. Noch bevor er in seine karibische Wahlheimat flog, feierte Falco mit seiner Mama Weihnachten.*

Erste Frauen beim Heer

In anderen Staaten wie in Deutschland oder den USA gibt es sie längst, in Österreich seit April 1998: Frauen in der Landesverteidigung. Militärexperten des Verteidigungsministeriums rechnen für die kommenden Jahre mit mehr als tausend Berufssoldatinnen. Der Start in der Steiermark verläuft allerdings alles andere als reibungslos: Denn von den ersten neun Rekrutinnen, die in die Erzherzog-Johann-Kaserne einrücken, brechen zwei nach wenigen Tagen zusammen und werfen entnervt das Handtuch, da sie sich körperlich überfordert und von den Vorgesetzten „geschunden" fühlen.

Krone-Chronik

● Unfassbare Tragödie beim Übungsflug eines US-Militärflugzeuges in den Dolomiten: Der Jet kappt bei Cavalese (Italien) im waghalsigen Tiefflug das Stahlseil einer Bergbahn! Worauf die Gondel Hunderte Meter in die Tiefe stürzt: 20 Urlauber sind auf der Stelle tot.

● Ab 25. Mai gilt in Österreich das neue Führerscheingesetz. Künftig müssen die Fahrschüler einen Computer-Test bestehen, um zu dem begehrten rosa Dokument zu kommen. Damit ist die Willkür von Prüfern weitgehend ausgeschlossen.

● Damit Österreichs 1257 Kilometer lange EU-Außengrenze gemäß dem Schengener Abkommen überwacht werden kann, rüstet das Bundesheer seine Helikopter mit Wärmebildkameras aus. So wird die Gendarmerie von der Luft aus unterstützt.

Tag für Tag
Von Marga Swoboda

Auf der Flucht gestorben

Falco ist tot, sagten sie im Radio, und durch den Kopf begann ein Video-Clip zu rasen aus hektisch überschnittenen Bildern und Fetzen eines Liedes: „Junge Römer".

Falco ist tot, sagten sie noch einmal im Radio; der Video-Clip riss plötzlich ab in einem Bild; ein eher verschwommenes, altes Bild.

Es muss aus den frühen 80er Jahren sein; vage Erinnerung an eine kurze Begegnung. Falco auf dem Weg zum Superstar, von allen Pop-Sendern ehrfürchtig begleitet. Ein Interview mit Falco: Er trug einen verheerend schlurfigen Jogging-Anzug und eine unfassbar freche Lippe; er war als Erster so, wie später alle sein wollten und wie man inzwischen nur noch in schäbig kopierten Fernsehwerbungen ist: Cool.

Er hatte dieses Gesicht, das er später verloren hatte, wie jeder, der ganz weit hinaufkommt: das hungrige Gesicht. Die absolute Lust auf Risiko. Später: Last des Erfolges, schwer unterschätzt, ein Mühlstein am Hals.

„Der Kommissar" und „Rock me Amadeus". Nie ist einer aus Österreich so weit gekommen wie Falco. Nie hat einer so lang und so heftig versucht, dem allem auch wieder zu entkommen.

Die Bilder aus den Fluchtjahren: Falco, dem alle zuschauen, ob er es schafft oder ob er zugrunde geht. Flucht in Alkohol und in zusammengelogene Lieben. Nie ein richtiger Absturz. Immer bereit zum Schmerz; durch nichts wirklich zu betäuben.

Fluchtpunkt Sonne; die Dominikanische Republik. Weit weg von allem, um zurückzufinden. Er war gut drauf, sehr gut drauf, sagte Rudi Dolezal im Radio.

Er war gut drauf, und dann hat es ihn einfach erwischt. Radikal, unberechenbar, wie er selbst war. Video-Clip gerissen, auf der Flucht gestorben, Österreich hat einen frischen Unsterblichen, und eine Mutter hat ihren einzigen Sohn nicht mehr.

SCHLAGZEILEN 1998 + + + SCHLAGZEILEN 1998 + + + SCHLAGZEILEN 1998 +

der Dominikanischen Republik ● Im Auto von Bus zermalmt ● Ehrengrab in Wien

wildes Leben – schrecklicher Tod

Es ist exakt 17.03 Uhr, als Falcos Wagen am 6. Februar in der Nähe von Puerto Plata vom Bus erfasst wird. Der Wiener hat nicht den Funken einer Chance – er ist auf der Stelle tot.

Während die Nachricht von Falcos Tod seine Fans wie ein Keulenschlag trifft, tauchen bereits die ersten Gerüchte zur Unfallursache auf. Fest steht, dass Falco vor seinem tragischen Ende noch in einer Raststätte war und danach auf dem Parkplatz des Lokals „Turist Disco" etwa eine Stunde in seinem Mitsubishi Pajero verbracht hat.

Später taucht ein Bluttest auf, der wegen mehrerer Ungereimtheiten von führenden österreichischen Gerichtsmedizinern angezweifelt wird. Laut dem lokalen Attest wurde bei der Obduktion ein Blutalkoholwert von 1,5 Promille und Kokain nachgewiesen. „Da gibt es nichts Mysteriöses. Ich bitte nur um eines: Lasst meinen Sohn in Frieden", so Maria Hölzel, Falcos Mutter (71).

Mit fünf Millionen verkauften LPs, 20 Millionen Singles und weltweiten Konzerten hat der Wiener rund 250 Millionen Schilling (18 Mio. €) verdient. Und mit dem Welthit „Rock me Amadeus" schaffte er 1986 als erster und bisher einziger deutschsprachiger Sänger den Sprung an die Spitze der US-Hitparade.

Beim Begräbnis am Wiener Zentralfriedhof säumen Tausende den Weg. Und seine posthum erscheinende CD „Out of the Dark" mit der kryptischen Textpassage „muss ich denn sterben, um zu leben" wird zum internationalen Mega-Erfolg – zweimal Platin . . .

▲ Als Amadeus rockte Falco, der „erste weiße Rapper", die Welt. – Das Wrack des ▶ Unglückswagens, in dem der Wiener starb. – Motorrad-Rocker von „Outsider Austria" tragen Falcos Sarg zu ◀ Grabe.

Krone Zeitung + + + SCHLAGZEILEN 1998 + + + SCHLAGZEILEN 1998 + + + SCHLAGZEILEN 1998

Viagra, so lautet das „Zaubermittel", das Österreichs Männer wieder fit für Sex machen soll. Was die Aufklärungswelle in Jahrzehnten nicht schaffte, gelingt der kleinen blauen „Potenz-Pille" im Nu: das einstige Tabuthema Impotenz wird zum beliebten Partygespräch. Verständlich, hoffen doch weltweit Millionen Männer, dank „Viagra" ihre verlorene Manneskraft wiederzuerlangen. Laut IMAS-Umfrage ist jeder dritte Österreicher bereit, Viagra zu schlucken, sollte dies einmal notwendig sein.

Zwei Goldmedaillen
Nagano-

Mit 17 Medaillen bei den olympischen Winterspielen im japanischen Nagano kann sich Österreichs Bilanz sehen lassen. Doch ein Mann stellt alles in den Schatten. Das „Monster" oder der „Herminator" wie man ihn nun nennt: Hermann Maier! Der 25-jährige Maurer aus Flachau wird in Japan endgültig zur Ski-Legende!

Dabei beginnen die Spiele für das Salzburger Muskelpaket, das in Anlehnung an „Terminator" Arnold Schwarzenegger zum „Herminator" wird, wie ein Albtraum. Ausgerechnet am Freitag, dem 13. „fliegt" Hermann bei der Abfahrt ab. Und wie! Aus- und abgehoben in der Kurve, spektakulärer 50-Meter-Sturzflug mit Überschlag, Absperrung durchbrochen und Bruchlandung im Tiefschnee.

Doch während andere sich wohl alle Knochen gebrochen hätten, schüttelt unser „Herminator" seinen Monster-Crash ab wie nichts. Im Herren-Super-G und im Riesentorlauf fährt er die Konkurrenz sogar in Grund und Boden, gewinnt zwei Mal Gold und steigt somit in den Ski-Olymp auf.

Zehnjährige auf dem Weg zur Schule in Wien entführt?
Natascha – spurlos verschwunden!

Am Montag, 2. März 1998, verliert sich kurz nach sieben Uhr früh die Spur eines Kindes in Wien-Donaustadt. Natascha Kampusch, zehn Jahre alt, verschwindet auf dem Weg zur Schule. Der Fall löst eine der größten Suchaktionen aus, doch ohne Erfolg. Natascha bleibt verschollen...

Es gibt anfangs kaum Zeugen, keinen Tatort und keinen Tatverdächtigen. Dennoch gehen die Ermittler von einem Verbrechen aus. Brigitta Sirny, die völlig gebrochene Mutter, erinnert sich an den Morgen: „Da Natascha nicht rechtzeitig aufstehen wollte, gab es einen Streit. Als sie sich nicht frisierte, die Brille vergaß und dumm antwortete, gab ich ihr einen Klaps. Sie weinte, als sie die Wohnung verließ." So die letzte, traurige Erinnerung der Mama, die ebenso wenig wie der verzweifelte Vater, Ludwig Koch, daran glaubt, dass Natascha alleine davongelaufen ist...

▲ Nataschas Vater und ihre Mutter sind ratlos. ▶

Frankreich stoppt seine Atom-Tests

Mit Champagner stoßen der französische Botschafter und Vertreter von Greenpeace in Wien auf den endgültigen Ausstieg der Grande Nation aus den Atom-Tests an. Ein Riesenerfolg für die globale Umweltschutzbewegung, die „Krone"-Leserfamilie und die fünf Millionen mutiger Bürger, die ihre Stimme gegen die Tests auf dem Mururoa-Atoll erhoben haben.

SCHLAGZEILEN 1998 + + + SCHLAGZEILEN 1998 + + + SCHLAGZEILEN 1998 +

Kronen Zeitung

nach Horrorsturz ● Hermann Maier (25) schreibt Sportgeschichte im „Ski-Olymp":

Herminators „Flug" zur Legende!

Der Lohn für den gelernten Maurer und Skilehrer, der erst 1996 als Vorläufer in seinem Heimatort auf sich aufmerksam gemacht hatte, ist gerecht: Mit dem gleichen Rekordtempo, mit dem er bei seinen Rennen zu Tal rast, wird er Multimillionär! – Persönlich bleibt er bescheiden, nur den Kosenamen „Monster" lehnt er ab: „Das ist ja kein Image..."

◀ Der Monster-Crash im Zeitraffer: ausgehoben, abgehoben, Sperre durchbrochen, Bruchlandung! – Stolz präsentiert der „Herminator", wie er mittlerweile ehrfürchtig von der Konkurrenz genannt wird, seine beiden Goldmedaillen – Hermann ist Legende!

Krone-Chronik

● Nur Wochen, nachdem der wegen Sexualdelikten mit Minderjährigen zu sieben Jahren Haft verurteilte Otto Mühl aus der Haft entlassen wird, lädt Burg-Chef Peymann den Kommunen-Guru auf die Bühne des Burgtheaters.

● Erfreulich: Seit Februar dürfen Blindenführ- sowie Partnerhunde Behinderter mit ihren Frauchen oder Herrchen offiziell ins Theater mitgehen.

● „Man in black" – dieser Werbegag führt in Niederösterreich zum Riesenerfolg für die ÖVP: Bei den Landtagswahlen erringt der „schwarze" Erwin Pröll 44,8% der Stimmen.

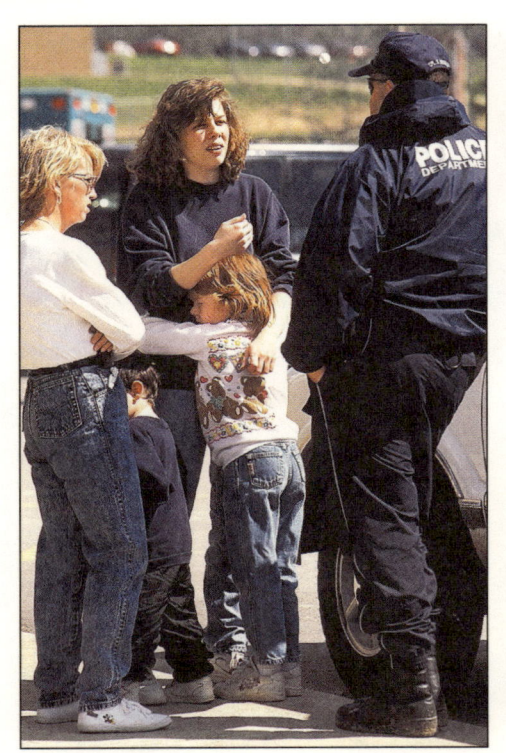

+ SCHLAGZEILEN 1998 + + + SCHLAGZEILEN 1998 + + + SCHLAGZEILEN 1998

Tatort US-Schule: geschockte Angehörige

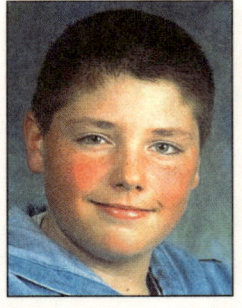

Mitchell: Racheengel mit zarten 13 Jahren

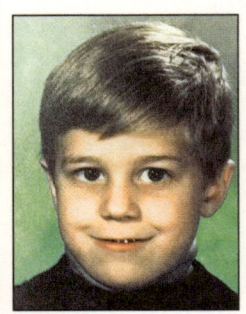

Andrew: „Milchbubi" & Heckenschütze

Duo feuert auf 200 Mitschüler im Hof:
Milchgesichter richten Blutbad in Schule an!

Ein elf- und ein 13-jähriger Bub richten in Jonesboro (Arkansas) ein Blutbad an: Mittels falschem Feueralarm locken sie 200 Mitschüler auf den Schulhof und eröffnen das Feuer. Vier Mädchen und eine Lehrerin sterben im Kugelhagel, neun Kinder werden angeschossen!

Auslöser für das Schulmassaker ist der Liebeskummer des 13-Jährigen. Weil seine Freundin mit ihm Schluss gemacht hat, beschließt er, mit seinem Freund Andrew (11) Rache zu nehmen. Und da beide Buben trotz ihres zarten Alters Erfahrung mit Waffen haben – sie nahmen an Schießübungen mit Verwandten teil – stehlen sie Waffen aus der Vitrine eines Großvaters. Dann legen sie sich in Tarnanzügen vor dem Schulhof auf die Lauer.

Als dann die Mitschüler nach einem falschen Feueralarm in den Hof stürmen, eröffnet das Duo das Feuer. Die Buben zielen nur auf Mädchen: Vier sterben, neun werden angeschossen, ehe das mörderische Milchgesicht-Duo überwältigt wird.

„Schengen" tritt in Kraft
Freie Fahrt ohne Passkontrollen

Mit der symbolischen Zerschneidung eines Grenzbalkens auf dem Schwechater Flughafen setzt Innenminister Karl Schlögl das „Schengener Abkommen" in Kraft. Während es für die Österreicher Erleichterungen im Reiseverkehr innerhalb der neun Schengen-Länder gibt – die lästigen Passkontrollen an den Grenzen fallen weg –, werden die Außengrenzen der EU nun strenger kontrolliert.

Der Bulle löst Derrick ab! Nach 24 Jahren und 281 Folgen geht Horst Tappert (74) alias „Derrick" als bekanntester Oberinspektor der Welt in Pension. Die Sendung läuft in 102 Staaten, aber nun fällt die letzte Klappe für den Derrick! In Bayern übernimmt der ebenso schwergewichtige wie sympathische Ottfried Fischer als „Bulle von Tölz" die Rolle des blitzgescheiten Kommissars. Von Tapperts verschwiegener Mitgliedschaft bei der Waffen-SS weiß zu diesem Zeitpunkt noch niemand etwas.

SCHLAGZEILEN 1998 + + + SCHLAGZEILEN 1998 + + + SCHLAGZEILEN 1998 +

Kronen Zeitung

▲ Nach der Landung winkt der Heilige Vater den Wartenden zu. – Im Papamobil am Wiener Heldenplatz. Wie schon bei den vorangegangenen Besuchen (1983 und 1988) verläuft die von Franz Hummer organisierte Papstvisite völlig problemlos.

Zigtausende Pilger bei den Papstmessen ● Drei Österreicher seliggesprochen:

Herzensempfang für Heiligen Vater

Voll Freude und mit Herzlichkeit wird Papst Johannes Paul II. während seines 3. Aufenthalts in Österreich begrüßt: Tausende Pilger kommen zu den Messen in Salzburg, St. Pölten und Wien. „Ein Empfang der Herzen", so der Heilige Vater, der drei Österreicher seligspricht.

Seinen dritten Österreichbesuch beginnt der Pontifex Maximus mit einem Pontifikalamt im Salzburger Dom. Er feiert mit dem Erzbistum das 1200-Jahre-Jubiläum.

„Auch im Landhauspark von St. Pölten wird der Heilige Vater – allen Unkenrufen zum Trotz – freundlichst empfangen. Die wenigen schwarzen Luftballons einer papstkritischen Gruppe gehen im gelben Fahnenmeer der Papstfähnchen unter", so „Krone"-Politikredakteur Dieter Kindermann. Johannes Paul nimmt zur Situation der Kirche in Österreich Stellung und dankt Bischof Kurt Krenn. Trotz einer Gluthitze von 32 Grad kommen dann 50.000 Österreicher zur Papstmesse am Wiener Heldenplatz, wo die Märtyrerin Restituta Kafka, der Arbeiterapostel Anton Schwarz und der Prämonstratenser Jakob Kern seliggesprochen werden.

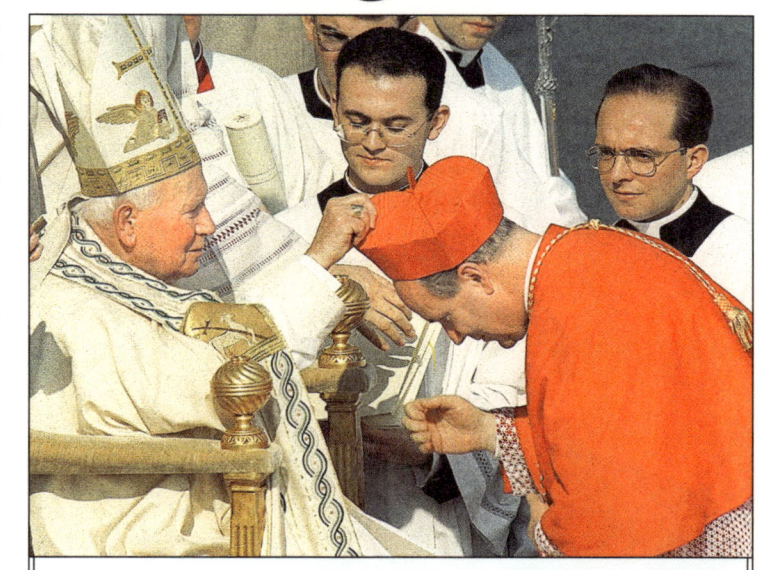

Bei Tempo 200 bricht nahe Eschede (Deutschland) ein Radring an einem Waggon des Intercity-Expresszuges (ICE) „Wilhelm Conrad Röntgen". In der Folge entgleist der Zug auf Höhe des dritten Waggons – und donnert gegen eine Brücke. Beim folgeschwersten Zugunglück seit zwanzig Jahren kommen hundert Menschen ums Leben, mehr als 50 Passagiere werden verletzt.

Papst ernennt Schönborn zum Kardinal

Bereits im Jänner hat der Heilige Vater den Wiener Erzbischof Dr. Christoph Schönborn (53) zum Kardinal ernannt. Allen Streitigkeiten innerhalb der österreichischen Kirche – etwa dem Zwist zwischen Bischof Krenn und dem „Revoluzzer" Pater Udo Fischer – zum Trotz fordert Schönborn zu einem Neubeginn im Sinne der „Gerechtigkeit und Liebe" auf.

+ SCHLAGZEILEN +++ SCHLAGZEILEN 1998 +++ SCHLAGZEILEN 1998

Als Königin der Nacht sorgt Sonja Kirchberger in der TV-Serie „Der König von St. Pauli" für Aufregung. Die sexy Wienerin mimt in dem Mehrteiler, der auf der Hamburger Reeperbahn spielt, eine Stripperin.

Die Tragödie
● Das Drama: Zehn Retter bezahlen Einsatz mit Leben.

Der 17. Juli geht als „schwarzer Freitag von Lassing" (Stmk.) in die Geschichte des österreichischen Bergbaus ein. Nach einem Wassereinbruch wird ein Kumpel 60 Meter unter Tag von Schlammmassen eingeschlossen. Zehn Kameraden versuchen ihn zu retten – und werden in den Stollen des Talkwerkes begraben . . .

Das Grubenunglück von Lassing beginnt damit, dass mittags eine ganze Siedlung oberhalb des Talkwerkes langsam zu versinken beginnt. „Schlamm- und Wassereinbruch im Stollensystem", so die Hiobsbotschaft, die um 12.10 Uhr die Tragödie in den Katakomben der Naintscher Mineralwerke einleitet. Sofort verlassen die Bergleute den Stollen. Nur Georg Hainzl (24) bleibt in 60 Metern Tiefe im „Jausenraum", einem Stahlcontainer, zurück.

Erdrutschsieg für deutsche Sozialdemokraten
Deutscher Machtwechsel: Schröder löst nun Kohl ab!

Machtwechsel, totaler Umbruch und Linksruck in der deutschen Politik! Nach 16 Jahren Regierung geht die Ära Helmut Kohl mit einer bitteren Niederlage für die CDU/CSU-Christdemokraten (35,2%) zu Ende. Am Ruder ist jetzt die sozialdemokratische SPD (41%). Und der neue Bundeskanzler heißt Gerhard Schröder. Der 54-Jährige gilt als pragmatischer Populist, der sich vom „linkslinken 68er" („Genosse der Gosse") zum „deutschen Tony Blair" („Genosse der Bosse") gewandelt hat. Er will eine neue Politik für die neue Mitte machen.

Helmut Kohl zeigt Größe und gratuliert Gerhard Schröder zum Wahlsieg.

▲ *Rettungsteams arbeiten rund um die Uhr. Ein aus Kassel angereister Bohrtrupp schafft das Wunder. Wirtschaftsminister Johannes Farnleitner steht als politisch Verantwortlicher allein im Regen.* ▶

SCHLAGZEILEN 1998 + + + SCHLAGZEILEN 1998 + + + SCHLAGZEILEN 1998 +

vom Lassinger Talkwerk!

● **Das Wunder: Verschütteter nach zehn Tagen geborgen!**

Schutt- und Gesteinmassen versperren ihm den Weg. Inzwischen bildet sich über dem Talkwerk ein Krater, der immer größer wird und langsam alles aufsaugt: Häuser, Strommasten, und schließlich verschwindet ein Bach in der Binge.

Dennoch fahren neun Bergleute und ein Tunnelspezialist erneut runter in den Stollen: Sie wollen den eingeschlossenen Kumpel nicht im Stich lassen. „Geh nicht mehr in den Berg, denk an unsere Zwillinge", fleht eine Frau ihren Mann an. Doch die zehn Bergleute besteigen den Lift – zur Fahrt ohne Wiederkehr ...

Wenig später bricht im Bergwerk die Hölle aus. Der Krater ist eingebrochen: Alle zehn „Retter" sterben.

Zehn Tage nach der Katastrophe dann das Wunder, für das so viele gebetet haben: Georg Hainzl lebt! Der Gedanke an die Familie und seine schwangere Freundin hielten ihn am Leben ...

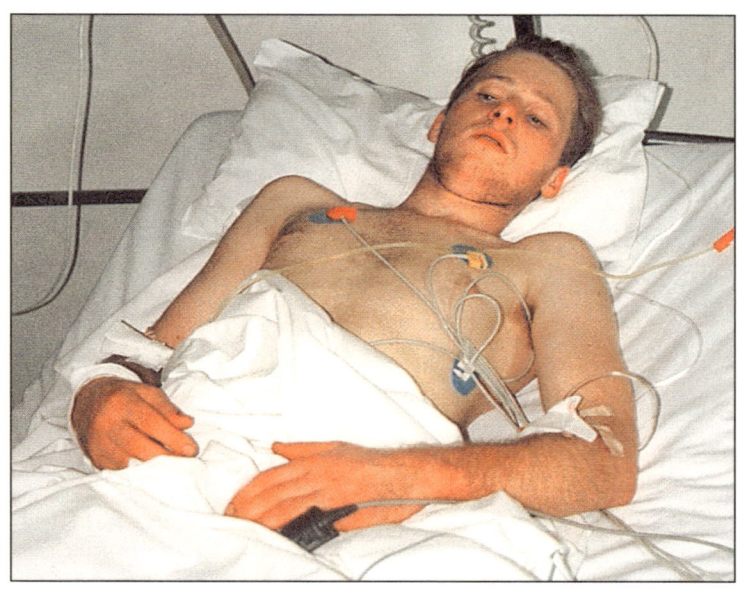

Nach 250 Stunden aus „Schlammgrab" geborgen: Georg Hainzl (24)

Tod unter der Binge, die Helden von Lassing (v.l.n.r.): Hermann Pölzl (46), Rudolf Eckhardt (25), Manfred Rohrer (46), Harald Zechner (44), Helmut Ploderer (41), Andreas Mattlschweiger (25), Manfred Zeiser (38), Josef Schöggl, Leonhard Schupfer (39), Manfred Hillbrand (36). – „Der Herrgott hat entschieden!", Landeshauptfrau Klasnic (kl. Bd.), selbst zutiefst erschüttert, versucht, die Lassinger zu trösten.

+ SCHLAGZEILEN 1999 + + + SCHLAGZEILEN 1999 + + + SCHLAGZEILEN 1999

Ein Zeichen fürs neue Jahrtausend

Amerika trauert um charismatischen Präsidentensohn
Fluch liegt auf den Kennedys: John F. jr. bei Absturz getötet

Amerika weint um John F. Kennedy jr., den Sohn des 1963 ermordeten US-Präsidenten. Der 38-Jährige kommt mit seiner Frau Carolyn und seiner Schwägerin bei einem Flugzeugabsturz ums Leben. „John-John" sitzt selbst am Steuer, als die Unglücksmaschine vor Long Island ins Meer stürzt.

Das Kennedy-Ehepaar startet mit Carolyns Schwester Lauren Bessette von New York aus Richung Marthas Vineyard. Die drei kommen aber nie an ...

Wie Untersuchungen ergeben, hat Kennedy jr., der die „Piper Saratoga" pilotierte, seine Flugkenntnisse überschätzt und nach Sichtproblemen die Kontrolle über die Maschine verloren. Das Flugzeug schmiert ab und zerbirst beim Aufprall auf dem Meer.

Schon während der Suche nach dem Wrack versinkt Amerika in kollektiver Trauer. Die traurige Gewissheit, dass alle drei tot sind, löst nahezu eine Massenhysterie aus. „Auf dieser Familie liegt ein Fluch", sind sich die Kenner der Familienbiographie einig.

Keine andere Familie in Amerika hat so viele große Triumphe erlebt, und keine andere musste mit so vielen Katastrophen fertig werden wie die Kennedys.

Carolyn und John F. Kennedy jr. (38) sterben gemeinsam beim Absturz ihres Privatflugzeuges der Marke „Piper".

Seit dem 22. April hat Wien ein neues Wahrzeichen: den „Millennium Tower". Nach nicht einmal einjähriger Bauzeit bekommt der 202 Meter hohe Wolkenkratzer an der Donau, der damit zur Jahrtausendwende auch das höchste Gebäude Österreichs ist, sein „Spitzel" aufgesetzt. In einer überaus spektakulären Aktion wird die 30 Meter hohe Antenne per Hubschrauber angeliefert.

Im Heißluftballon umrundet das Duo Bertrand Piccard (li.) und Brian Jones in knapp 20 Tagen die Erde. Nach der wagemutigen Non-Stop-Fahrt legen die beiden Luftpioniere mit ihrem 55 Meter hohen „Breitling Orbiter"-Ballon am 21. März in der ägyptischen Wüste eine Bilderbuchlandung hin. Eines der letzten großen Abenteuer des Jahrhunderts ist erfolgreich beendet: „Der Adler ist gelandet, alles in Ordnung. Unser Planet ist schön, die Umrundung macht wieder bescheiden", so das Duo.

SCHLAGZEILEN 1999 + + + SCHLAGZEILEN 1999 + + + SCHLAGZEILEN 1999 +

Kronen Zeitung UNABHÄNGIG

Krone-Chronik

● Eben erst am Markt, wird das neue Potenzmittel „Viagra" auch schon gefälscht: Die Polizei forscht eine tschechische Bande aus, die gesundheitsschädigende „Yohimbin-Chlorat"-Tabletten verscherbelt.

● Der Anteil der Pensionisten nimmt stark zu: Bereits knapp ein Fünftel der Österreicher gehört der Altersgruppe der 60-Jährigen an. Bis 2050 soll sich der Pensionistenanteil verdoppeln!

● Die Eisgräfin als Weltmeisterin! Von vielen abgeschrieben, läuft Emese Hunyady (33) bei der WM im holländischen Heerenveen zum 1500-m-Gold. Emese zieht eine Ehrenrunde mit ihrem rot-weiß-roten Schal.

Der Tod reitet mit! Grausame Stürze überschatten das berüchtigte „Grand National" im schottischen Aintree – wie im Bild, wo gleich drei Pferde halsbrecherisch zu Boden gehen. – Heli Dungler, Österreichs Tierschützer Nr. 1, startet mit seinen „Vier Pfoten"-Aktivisten beim ähnlich brutalen Steeplechase von Padubice (Tschechien) mit ersten Protesten.

Ministerrat verabschiedet neues Gesetz

Seitensprung kein Scheidungsgrund!

Grünes Licht für die Scheidungsreform. Ein Seitensprung wird ab dem Jahreswechsel kein absoluter Scheidungsgrund mehr sein, sondern nur noch eine „Eheverfehlung". Ehebruch kann nur dann zur Scheidung führen, wenn dadurch die Ehe unheilbar zerrüttet wird.

Nachdem in der Koalition über Jahre hindurch ein Rosenkrieg um die Scheidungsreform getobt hatte, einigt sich der Ministerrat am 9. März endlich auf die Reform. Justizminister Nikolaus Michalek kann alle – auch die gestrengen Gegner der Kirche – auf eine Kompromissformel einschwören: Ehebruch und Gewalt in der Familie werden in Zukunft als „schwere Verfehlung" qualifiziert. Für viele eine „revolutionierende Entwicklung". Und gibt es für eine Partnerschaft dennoch keine Hoffnung mehr, so besteht die Möglichkeit, sich einvernehmlich scheiden zu lassen.

Für die „Retterin der Armen" lässt Papst Johannes Paul II. sogar die Kirchenregeln außer Acht: Der Heilige Vater leitet das Verfahren zur Seligsprechung der 1997 im indischen Kalkutta verstorbenen Friedensnobelpreisträgerin Mutter Teresa ein. Auf die übliche Frist – fünf Jahre nach dem Tod abzuwarten – verzichtet der Papst.

Riesenwirbel um Österreichs freche Pop-Ikone, die urige Jazz-Gitti! Die beliebte Sängerin nützt nämlich ihren Auftritt in der ORF-Nachmittagssendung „Willkommen Österreich", um endlich vor 600.000 Zusehern mit den so genannten „Austropop-Gegnern" im ORF ordentlich abzurechnen. Zu recht!

+ SCHLAGZEILEN 1999 + + + SCHLAGZEILEN 1999 + + + SCHLAGZEILEN 1999

15 Meter hohe Horror-Schneewalze verschüttet ein ganzes Dorf ● Tausende in

Lawinendrama

Bei einem der verheerendsten Lawinenunglücke in der Geschichte werden im Tiroler Paznauntal 70 Menschen unter Schneemassen begraben. 38 Opfer können nur noch tot geborgen werden. Das Tal ist von der Umwelt abgeschnitten. In der größten Luftrettungsaktion der 2. Republik werden Tausende ausgeflogen.

Der 23. Februar geht in die Chronik des Tiroler Fremdenverkehrsverbandes als schwärzester Tag der Geschichte ein: Gleich von drei Hängen des Silvrettagebirges lösen sich gewaltige Schneebretter und donnern unaufhaltsam auf Galtür zu.

Bäume knicken wie Streichhölzer, Felsblöcke werden wie Spielbälle mitgerissen – und eine 15 Meter hohe Schneewalze verschüttet das Dorf. Die Horrorlawine rast über die Häuser hinweg und zermalmt alles, was sich ihr in den Weg stellt.

Obwohl einige Opfer freigeschaufelt werden können, kommt für 38 Menschen – die Mehrzahl der Toten sind Urlaubsgäste aus Deutschland – jede Hilfe zu spät. In den folgenden Tagen fliegen 54 Helikopter 16.500 Urlauber aus der Schneehölle hinaus.

▲ *Hubschrauberstaffeln aus fünf Nationen – unter ihnen ein US-Black-Hawk-Geschwader – fliegen 16.500 Urlauber aus. – Auch mit Sonden wird nach Verschütteten gesucht.* ▶

Zahl der illegalen Zuwanderer um über 50 Prozent gestiegn

Eine alarmierende Jahresstatistik belegt, dass die Zahl illegaler Grenzgänger um 50 Prozent auf 17.200 gestiegen ist. Gleichzeitig hat Österreich mit 750.000 Fremden einen hohen Ausländeranteil. Innenminister Karl Schlögl will deshalb die Zahl der Zuwanderungen stoppen. Hintergrund: Der Menschenhandel ist bereits einträglicher als das Drogengeschäft.

Klebe wohl! – Abschied von der guten alten Stempelmarke

„Aus'pickt is" – unter diesem Motto feiern Finanzminister Rudolf Edlinger und Staatssekretär Wolfgang Ruttenstorfer das Ende der Stempelmarke. Im Juli wird die 145 Jahre alte, typisch österreichische Erfindung zu Grabe getragen. Statt der klebrigen 40 Millimeter hohen und 26,5 Millimeter breiten Fiskal-Relikte gibt es künftig nur noch moderne Zahlungsmittel.

Erstmals nordisches WM-Gold! – Österreich erringt das schönste, wichtigste und wertvollste Edelmetall im Langlauf. Unsere Staffel holt über 4 x 10-Kilometer bei der Weltmeisterschaft in der Ramsau (Steiermark) den Sieg. Markus Gandler, Alois Stadlober, Mikhail Botwinow und Christian Hoffmann (das Zielfoto zeigt seinen Siegessturz, der zwei Zehntel bringt) schreiben Sportgeschichte.

SCHLAGZEILEN 1999 + + + SCHLAGZEILEN 1999 + + + SCHLAGZEILEN 1999 +

Schneehölle eingeschlossen ● Luftrettungsaktion: 16.500 Urlauber ausgeflogen

Galtür: weißer Tod holt 38 Opfer!

Meter für Meter suchen Helfer des Bundesheeres in den zusammengepressten Schneemassen nach verschütteten Lawinenopfern.

US-Teenager erschießen an Hitlers Geburtstag 15 Schüler

Weil sie sich von ihren Klassenkameraden ausgestoßen fühlen, töten zwei US-Teenager in der „Columbine High-School" in Colorado 15 Kollegen. 24 weitere Schüler werden von Eric Harris (18) und Dylan Klebold (17) niedergeschossen. Als Tag des Massakers wählen sie den 20. April, Hitlers Geburtstag. Vorbild für den Amoklauf: der Film „The Basketball Diaries".

Stärkster Tornado aller Zeiten fegt mit 508 km/h über USA

Der US-Staat Oklahoma wird im Mai von 76 Tornados heimgesucht. Einer dieser Wirbelstürme fegt mit gewaltigen 508 Stundenkilometern über einen Vorort von Oklahoma City – und zieht eine Todesspur des Grauens! Mit diesem Tempo liegt der „Horror-Tornado" nur 1,6 km/h unter der stärksten Tornado-Kategorie F-6, die allerdings noch nie registriert wurde.

James Bond als Softie! Der britische Geheimagent „007" bekommt ein neues Image. Er raucht nicht mehr, trinkt keine Wodka-Martinis, darf laut Drehbuch erstmals auch weinen und geht zum Psychiater. Um sich vom Softie-Image zu erholen, pafft Bond-Darsteller Pierce Brosnan privat gleich Zigarren. Und auch Bondgirl Sophie Marceau ist ganz enttäuscht vom neuen James in „Die Welt ist nicht genug" – denn auch Bonds Sexszenen sind entschärft worden ...

Kronen Zeitung + + + SCHLAGZEILEN 1999 + + + SCHLAGZEILEN 1999 + + + SCHLAGZEILEN 1999

Mehr als 100 Dealer des schwarzafrikanischen Kokain-Kartells werden gefasst:

Drogenring bei Razzia gesprengt

Mit der größten Polizeirazzia in der Geschichte der Zweiten Republik setzt die Exekutive zu einem Schlag gegen das nigerianische Drogenkartell in Österreich an: Im Morgengrauen des 27. Mai stürmen rund 850 Beamte Wohnungen sowie Flüchtlingsheime in Wien, Graz, Linz und St. Pölten. Mehr als hundert Schwarzafrikaner kommen in Haft – dank des Lauschangriffs erstmals auch die großen Bosse des Drogenringes.

◀ In Handschellen wird einer der mehr als hundert mutmaßlichen Drogendealer abgeführt. Über Jahre hatten sie vor allem von Wien und Graz aus ein Rauschgiftkartell aufgebaut und mit eiserner Faust regiert.

„Dass die Razzia ein Erfolg geworden ist, verdankt die Exekutive nicht zuletzt dem großflächig eingesetzten Lauschangriff. So kam man jenen auf die Spur, die schmutziges Geld damit verdienen, unsere Kinder mit Drogen zu vergiften", kommentiert „Krone"-Politikexperte Peter Gnam die unter dem Codenamen „Operation Spring" laufende Razzia.

Als Einsatzleiter bewahrt Kripo-Hofrat Ernst Geiger, trotz aufheulender Kritik von Links, einmal mehr den Überblick. Auch wenn die Polizei in manchen Bereichen vielleicht zu viel versucht hat, so ist diese Kommandoaktion der erste Versuch eines Befreiungsschlages gegen den ausufernden schwarzen Kokainhandel in Österreichs Städten. Für Bandenbosse setzt es bis zu zehn Jahren Haft!

Krone-Chronik

● Obwohl „Herminator" Hermann Maier in Abfahrt und Super-G Gold holt, avanciert der Norweger Lasse Kjus bei der Ski-Weltmeisterschaft in Vail (US-Staat Colorado) zum Superstar: Der Norweger gewinnt in allen fünf Bewerben eine Medaille. Bei den Damen erobern die Österreicherinnen Renate Götschl und Alexandra Meissnitzer Gold.

● Das 51. Länderspiel in der Teamchef-Ära Herbert Prohaska ist zugleich auch sein letztes – nach dem peinlichen 0:9-Debakel gegen Spanien tritt „Schneckerl" zurück.

● Nur Wochen nach dem Drama im Montblanc-Tunnel, das mehr als 40 Todesopfer gefordert hat, sterben zwölf Menschen im Tauerntunnel nach einem Auffahrunfall in einer Flammenhölle.

Camilla & Charles offiziell ein Paar

Bereits Ende 1998, 16 Monate nach Dianas Unfalltod, war Camilla Parker-Bowles zu Prinz Charles in den Londoner St.-James-Palast gezogen. Offenbar konnten die beiden das Versteckspiel nicht länger ertragen. Im Jänner 1999 treten der britische Thronfolger und seine Freundin dann erstmals in einem wahren Blitzlichtgewitter vor dem Londoner Hotel Ritz offiziell als Paar auf. So wollen sie offenbar ihre „geheime Verbindung" endlich normalisieren.

Stirbt an Bord: Marcus Omofuma

25-Jähriger an Bord mit Klebeband „geknebelt"

Schubaffäre – Der tragische Tod des Nigerianers Marcus Omofuma

Der tragische Erstickungstod eines Nigerianers, der bei einem Abschiebungsflug stirbt, führt zu einer emotionsgeladenen Debatte rund um die österreichische Asylpolitik. Zumal der 25-Jährige – nachdem er randaliert und um sich geschlagen hatte – an einen Sitz gefesselt wurde. Begleitende Polizisten klebten ihm zudem in der Passagiermaschine Mund und Nase zu! Sofort hageln Rücktrittsforderungen auf Innenminister Karl Schlögl ein. Doch der stiehlt sich nicht aus der Verantwortung. Er sorgt für eine lückenlose Aufdeckung des bedauerlichen Todesfalls und sorgt zudem für neue Richtlinien wie der obligatorischen medizinischen und psychologischen Betreuung bei Abschiebungen.

SCHLAGZEILEN 1999 + + + SCHLAGZEILEN 1999 + + + SCHLAGZEILEN 1999 +

Der Deutsche Schäfer ist uns seit 100 Jahren treu. Denn 1899 legte Rittmeister Max-Emil von Stepanitz den Rassestandard für den beliebten Hund fest. Bekanntester TV-Schäfer ist übrigens Kommissar Rex – im Bild mit Herrl Moretti –, der in 150 Ländern als Polizeischnüffler ermittelt.

Freisprech-Anlage im Auto wird Pflicht

Handy-Telefonieren im Auto kann teuer werden! Ab 1. Juli dürfen Gespräche während der Fahrt nur noch mittels Freisprech-Einrichtung geführt werden. Widrigenfalls drohen 300 Schilling (22 €) Strafe. Die Umsetzung der Vorschrift wird sich über Jahre ziehen...

„Posthum-Erfolg" für letzten Entertainer

Frank Sinatra – Die Legende lebt weiter!

Als „The Voice" am 14. Mai 1998 für immer verstummt, trauert die Welt um ihren größten und letzten Entertainer. Doch Frank Sinatra, der sich in die Herzen eines Millionenpublikums gesungen hat, lebt als Legende weiter – auch posthum erzielen seine Lieder Rekordumsätze.

Zudem erhält der 1915 in New Jersey als Francis Albert Sinatra geborene Ausnahmesänger, Schauspieler und Entertainer 1999 – also im Jahr nach seinem Tod – noch sechs „Grammy Awards" verliehen. Frankieboy bekommt unter anderem für „September of My Years" und „My Way" den „Hall of Fame Award" zugesprochen. Übrigens: Franz Sinatra ist im Laufe seiner Karriere auch dreimal (1975, 1984, 1989) in Österreich aufgetreten: Alle Konzerte gab er in der Wiener Stadthalle. Vor allem bei seinem letzten Wien-Gastspiel im Zuge seiner „Ultimate-Event-Welttournee" begeisterte Frankieboy gemeinsam mit Liza Minnelli und Sammy Davis, Jr.

„The Voice", Frank Sinatra – unvergessener Bühnenstar.

Tennisköniginnen als „Topmodels". Mit 107 Turniererfolgen geht die deutsche Grand Slam-Siegerin Steffi Graf (li.) bei ihrem Abschied vom Tennis in die Sportgeschichte ein. Ihr neues Outfit, kurzer schwarzer Rock statt Weiß, steht ihr ebenso gut wie Babsi Schett das sexy Lederkostüm. Die Tirolerin schafft es übrigens bis auf Platz 7 der Weltrangliste!

+ SCHLAGZEILEN 1999 + + + SCHLAGZEILEN 1999 + + + SCHLAGZEILEN 1999

Diplomatie gescheitert:
- **Kampf um Frieden ist verloren, NATO greift zu den Waffen**
- **Balkan-Diktator Milošević antwortet mit Kosovo-Gräueln**

Nachdem die Diplomatie gescheitert ist, weil der Balkan-Tyrann Milošević drei Ultimaten des Westens ignoriert und mit der Vertreibung Hunderttausender Albaner aus dem Kosovo begonnen hat, greift die NATO am 24. März zu den Waffen. Im Schutz der Nacht beginnt ein elfwöchiger Bombenkrieg gegen die Serben. Am 9. Juni unterzeichnen diese die Kapitulation.

Monatelang muss der Westen ohnmächtig zusehen, wie Slobodan Milošević die „Säuberung" des Kosovo vorbereitet und mit der Vertreibung der Albaner beginnt. Die von alten Mythen umrankte Balkan-Provinz („Amselfeld") soll schließlich nur noch den Serben gehören, obwohl diese nur zehn Prozent der Bevölkerung stellen.

Schließlich beendet die NATO das Katz-und-Maus-Spiel des Diktators und beginnt im Schutz der Dunkelheit von Luftstützpunkten in Italien und Flugzeugträgern im Mittelmeer einen gnadenlosen Bombenkrieg gegen die Serben. Serbien wird ins Mittelalter zurückgebombt, doch den Bodeneinsatz im Kosovo, der die Gräuel an den Albanern stoppen könnte, wagt die NATO nicht. Zu allem Überdruss erweist sich der so genannte „saubere Krieg" als Illusion: Raketen verfehlen ihre Ziele und töten schuldlose serbische Zivilisten. Absoluter „Kriegs-pannen"-Höhepunkt ist das Bombardement der chinesischen Botschaft in Belgrad. Die NATO entschuldigt sich damit, dass die in Serbien stationierten CIA-Agenten die vor Jahren erfolgte Übersiedlung der diplomatischen Vertretung „verschlafen hätten"...

Im Kosovo selbst geschieht während des 78-Tage-Bombardements viel Schreckliches: Die Truppe des Serben-Tyranns geht unbehelligt ihrem blutigen Auftrag nach und ist für das größte Flüchtlingsdrama seit dem Zweiten Weltkrieg verantwortlich.

Endlich am 9. Juni unterzeichnen die Serben die Kapitulation und unter dem Kommando der NATO rückt die KFOR (Kosovo Force) – eine 50.000 Mann starke Friedenstruppe – ein.

Die fliegende NATO-Kavallerie greift Serbien aus der Luf an.

Rätsel um Pams Busen. – Als Baywatch-Blondine sorgt Pamela Anderson in der Männerwelt mit ihrer Oberweite für Erregung. Nun entbrennt unter Pam-Fans ein wahrer Glaubenskrieg, ob der Atombusen der TV-Schönen echt ist, künstlich vergrößert oder gar Silikonimplantate zurückoperiert wurden.

SCHLAGZEILEN 1999 + + + SCHLAGZEILEN 1999 + + + SCHLAGZEILEN 1999 +

Bomben gegen Serbien!

▲ 900.000 Kosovo-Albaner müssen fliehen. Viele werden von Serben-Kommandos hingerichtet (Bd. M.) Währenddessen fliegt die NATO Luftangriffe und zerbombt Serbiens Infrastruktur. ▼

„Ein Dach der Liebe" ist schließlich der Hilfsbeitrag der „Krone", um vertriebenen Kindern und Müttern am Balkan zu helfen. In Tirana (Albanien) wird in Zusammenarbeit mit SOS-Kinderdorf ein Kindergartenkomplex für schutzbedürftige Kriegsopfer renoviert. Gemeinsam mit First Lady Margot Klestil, der Schirmherrin der Aktion, überreicht Herausgeber Hans Dichand einen Scheck (500.000 Euro) an SOS-Geschäftsführer Wilfried Vyslozil (li.).

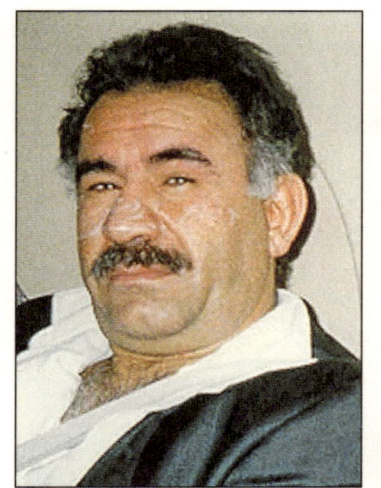

+ SCHLAGZEILEN 1999 + + + SCHLAGZEILEN 1999 + + + SCHLAGZEILEN 1999

Die Verhaftung des PKK-Führers Öcalan löst Tumulte aus
Massenproteste & Terroralarm: „Kurden-Zorn" schockt Europa!

Gekidnappt: PKK-Chef Öcalan

Ihr Anführer wird – vermutlich mit Unterstützung des Mossad und CIA – in Kenia verhaftet. Darauf schockt unbändiger Zorn kurdischer Fanatiker, Anhänger der gewaltbereiten Arbeiterpartei PKK, Europa: Zehntausende protestieren zeitgleich in mehreren Hauptstädten, verbrennen sich gar auf offener Straße!

Der Zorn der Kurden entlädt sich ohne Hemmungen. Radikale Gruppen drohen nach der spektakulären Entführung ihres Führers mit Vergeltungsschlägen. Rasch entfachen sich blutige Straßenkämpfe in Kopenhagen, Den Haag, Genf, London, Paris, Athen, Straßburg, Frankfurt, Berlin und Hamburg. Polizisten werden attackiert, aus Protest zünden sich Menschen als lebende Fackeln an. Doch am Schicksal des Kurdenführers Öcalan ändern die Massenproteste freilich wenig. An den „Erzfeind" in Istanbul ausgeliefert, erwartet ihn die Todesstrafe, die im günstigsten Fall in lebenslang umgewandelt wird.

Fanatiker zünden sich an, um als lebende Fackeln zu protestieren.

Unsere Lipizzaner bleiben Österreicher! Im Jänner fallen die Würfel im kuriosen Streit um unsere weißen Pferde – weltweit ein Aushängeschild für die hohe Kunst der Dressur. Nach dem Friedensvertrag von St. Germain hatte nämlich Italien die Zuchtrechte beansprucht. Landwirtschaftsminister Willi Molterer setzt sich durch – das Zuchtbuch des Gestütes Piber (Stmk.) wird anerkannt!

Stille Hochzeit im – manchmal lauten – Fürstentum. Dort wo im Frühjahr die Motoren der Formel-1 brüllen, nämlich in Monaco, heiratet die Prinzessin des Fürstentums unter Ausschluss der Öffentlichkeit den Welfenprinzen Ernst August von Hannover. Hochzeitstag ist der 23. Jänner, der Tag des 42. Geburtstages von Caroline. Selbst ihr Vater, Fürst Rainier, erfährt erst vier Tage vor der Trauung von der Heiratsabsicht.

Krone-Chronik

● Zu grauenhaften Auswüchsen führt die durch den Bürgerkrieg im Kongo hervorgerufene Hungersnot: Bewohner des Grenzgebietes zu Ruanda töten 272 im Nationalpark lebende Berggorillas und essen sie auf.

● Ein kleiner Schritt für Rudolf Edlinger, ein großer für Europa: Österreichs Finanzminister unterschreibt als EU-Ratsvorsitzender die Verordnung, die den Startschuss zum Euro bedeutet.

● SOS-Kinderdorf feiert 50 Jahre Bestehen: 1949 gründete Hermann Gmeiner in Imst (Tirol) das erste Dorf, in dem Waisen ein Zuhause fanden. Seither hat die berührende Idee die Welt erobert: in 130 Ländern gibt es 380 Dörfer.

SCHLAGZEILEN 1999 + + + SCHLAGZEILEN 1999 + + + SCHLAGZEILEN 1999 +

"SoFi" ist DAS Ereignis des Jahres! Ehrfürchtig und staunend sind die Blicke zum Himmel gerichtet. Millionen Österreicher erleben am 11. August ein äußerst seltenes Schauspiel: die totale Sonnenfinsternis. Die letzte „SoFi" über unserem Land liegt mehr als hundert Jahre zurück und die nächste wird erst im Jahr 2081 zu sehen sein. Es ist die Seltenheit dieser Ereignisse, die nicht nur fasziniert, sondern auch abergläubisch-düstere Prognosen entstehen lässt. Doch die Welt geht nicht unter, in Österreich feiert man mit „SoFi"-Brillen das Himmelsspektakel.

Rote auf historischem Tiefstand ● FPÖ überholt ÖVP ● Desaster für Liberale
Denkzettel für Viktor Klimas SPÖ

Dramatische Verluste und ein gehöriger Denkzettel für Viktor Klimas SPÖ, die in der Wählergunst auf den historischen Tiefpunkt (33%) absackt. Starke Gewinne der FPÖ (26,9%), die auf Platz zwei landet und die Volkspartei um denkbar knappe 415 Stimmen überholt.

In Umfragen bereits tot gesagt, hält sich die ÖVP somit „überraschend gut". Beachtliche Zuwächse gibt es am 3. Oktober bei den Grünen, die auf 7,4% kommen, und desaströs endet die Wahl für die Liberalen, die mit nur 3,6% der Stimmen aus dem Parlament fliegen. Und völlig unter die Räder gerät die Bewegung des Wiener Baumeisters Richard Lugner: Die Unabhängigen (DU) schaffen gerade einmal einen Prozentpunkt.

Bundeskanzler Klima muss die bitterste Niederlage in der Geschichte der Zweiten Republik einstecken. Die nüchterne Bilanz: Statt fünf gibt es nur noch vier Parlamentsparteien. Der linke Traum einer Ampelkoalition ist ausgeträumt. Mit der FPÖ als dritter Macht gibt es nun „drei Großparteien"...

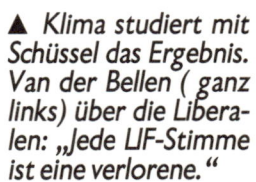

▲ *Klima studiert mit Schüssel das Ergebnis. Van der Bellen (ganz links) über die Liberalen: „Jede LIF-Stimme ist eine verlorene."*
◀ *Die Verliererin: Heide Schmidt; der Sieger: Jörg Haider* ▶

PERSONENREGISTER

Abou-Roumie, Mahmoud 53
Agassi, André 36
Almsick, Franziska von 51
Ambros, Wolfgang 70
Amir, Yigal 62
Anderson, Pamela 88
Andexlinger, Dietmar 10
Antonelli, Laura 17
Anwar, Gabrielle 39
Appelt, Ingo 31
Arafat, Yassir 8, 9, 32, 33
Asahara, Shoko 50
Ausserwinkler, Michael 30
„Austria 3" 70

Bacher, Gerd 12
Bardot, Brigitte 67
Basinger, Kim 22
Beckenbauer, Franz 7
Becker, Boris 17
Bellen, Alexander van der 91
Bernstein, Leonard 7
Bessette, Lauren 82
Biró, Christoph 21
Bischofberger, Conny 47
Bittermann, Bruno 9
Black, Roy 20
Blake, Michael 14
Blauensteiner, Elfriede 63
Blecha, Karl 17, 36
Bochatay, Nicolas 31
Bockova, Bianca 42
Bögl, Günther 43
Bolly, Brian 12
Botwinow, Mikhail 84
Brandauer, Klaus-Maria 67
Brandt, Willy 8
Brandtner, Karl 66
Braun, Eva 55
Brosnan, Pierce 85
Brown, Divine 51
Buder, Karin 37
Budin, Christoph 5
Busek, Erhard 46
Bush, George sen. 15, 25

Cameron, James 72
Caprio, Leonardo di 72
Caroline, Prinzessin von Monaco 12, 90
Carrell, Rudi 34
Carreras, José 41
Charles, Prinz von Wales 33, 64, 86
Chasbulatow, Ruslan 35
Chee, Tung 69
Clinton, Bill 25, 32, 62, 72, 73
Clinton, Hillary 73
Collins, Joan 22
Costner, Kevin 14
Crawford, Cindy 5, 62
Crichton, Michael 35
Crippa, Maddalena 46
Cruise, Suri 57
Cruise, Tom 57
Curry, Tim 33

Daimler, Hans Peter 17
Danzer, Georg 70
Davis, Sammy Jr. 87
Depardieu, Gérard 18

Diana, Prinzessin von Wales 5, 33, 63, 65, 86
Dichand, Hans 5, 8, 67, 89
Dietrich, Marlene 29
Dirnhofer, Richard 43
Ditz, Johannes 56
Dohnal, Johanna 39
Dole, Bob 72
Dolezal, Rudi 74
Domingo, Plácido 41
Dudajew, Dschochar 57
Dungler, Heli 83
Dutroux, Marc 58
Dutroux, Michelle 58

Eastwood, Clint 39
Eckhardt, Rudolf 81
Ederer, Brigitte 30, 47
Edlinger, Rudolf 69, 90
Eichler, Alfred 54
Einem, Caspar 52, 54, 68
Elizabeth, Königin von England 33, 45, 64, 65
Ernst August, Prinz von Hannover 90
Exley, Shannon 42
Falco s. Hölzel, Hans
Falcone, Francesca 29
Falcone, Giovanni 29
Farnleitner, Johann 66
Fayed, Dodi al 64, 65
Felder, Andreas 31
Fendrich, Andrea 34
Fendrich, Rainhard 34, 70
Fischer, Ottfried 78
Fischer, Udo 79
Foco, Tibor 48
Foreman, George 55
Forstner, Thomas 22
Fossey, Dian 31
Foster, Jodie 26
Fuchs, Franz 5, 70, 71

Gabler, Thomas 46
Gadafi, Muammar 9
Gahndi, Indira 14
Gahndi, Rajiv 14
Gandler, Markus 84
Geiger, Ernst 86
Genscher, Hans-Dietrich 7
Gerharter, Hermann 49
Giradelli, Marc 31
Gmeiner, Hermann 90
Gnam, Peter 86
Goebbels, Joseph 55
Goldberger, Andi 58
Goldman, Ronald 44
Gorbatschow, Michail 6, 12, 18
Götschl, Renate 86
Graf, Steffi 17, 87
Grant, Hugh 51
Gratz, Leopold 17, 36
Graupe, Friedrich 24
Greene, Graham 14
Grifford, Patricia 29
Grotter, Peter 42
Gucci, Maurizio 49
Guggenbichler, Udo 11
Gürtler, Peter 12

Haas, Karl Otto 41

Habsburg, Carl 58
Habsburg, Felix 58
Habsburg, Otto von 45
Habsburg-Lothringen, Karl 30, 35
Haidacher, Gerhard 31
Haider, Jörg 11, 22, 46, 91
Hainzl, Georg 80, 81
Hammerer, Heidi 42
Happel, Ernst 32
Harris, Eric 85
Hauenstein, Christian 63
Häupl, Michael 46
Heesters, Johannes 28
„Heintje" 17
Heinzer, Franz 31
Hepburn, Audrey 39
Herzog, Andy 32
Hickersberger, Josef 7
Hill, Damon 59
Hill, Graham 59
Hillbrand, Manfred 81
Hitler, Adolf 49, 50, 55, 84
Hodscha-Ahmedow, Sergej 60
Hoffmann, Christian 84
Holender, Ioan 24
Hollein, Hans 8
Höllwarth, Martin 31
Holmes, Katie 57
Holyfield, Evander 67
Hölzel, Hans 5, 74, 75
Hölzel, Maria 74, 75
Honecker, Erich 6
Hopkins, Anthony 26
Horn, Gyula 6
Horvath, Erwin 53
Horvath, Karl 53
Hostasch, Eleonore 69
Hübl, Reinald 48
Hummelbrunner, Valentina 58
Hummer, Franz 79
Hunyady, Emese 31, 41, 83
Hurley, Liz 51
Hussein, König von Jordanien 62
Hussein, Saddam 5, 10, 15, 25, 62

Jackson, Michael 45
Jagger, Mick 54
Janajew, Gennadi 18
Janisch, August 38
„Jazz Gitti" 83
Jeannée, Michael 5, 10, 62
Jelzin, Boris 18, 19, 34, 35, 57
Jesserer, Gertraud 21
Johannes Paul II., Papst 79, 83
John, Elton 64
Jones, Brian 82

Kádár, János 12
Kafka, Restituta 79
Kahane, Karl 37
Kampusch, Natascha 76
Karl, Kaiser von Österreich 30
Kastenberger, Hans 51
Kehrer, Rudolf 54
Kelz, Theo 47
Kennedy, Carolyn 82
Kennedy, John F. jr. 82
Kern, Jakob 79
Kidman, Nicole 57
Kiesbauer, Arabella 53

Kiesl, Theresia 60
Kindermann, Dieter 79
King, Rodney 25
Kirchberger, Sonja 80
„Kiss" 69
Kjus, Lasse 86
Klasnic, Waltraud 81
Klebold, Dylan 85
Klestil, Edith 42
Klestil, Margot 89
Klestil, Thomas 30, 42
Klima, Viktor 5, 30, 68, 91
Koch, Ludwig 76
Kohl, Hannelore 7
Kohl, Helmut 7, 80
Konicek, Peter 52
Kordik, Eugen 54
Kostelka, Peter 43
Kreiner, Stefan 31
Kreisky, Bruno 8, 9, 17
Krenn, Kurt Bischof 79
Krjutschkow,
    Wladimir Alexandrowitsch 18
Kronberger, Petra 8, 30, 31
Krottendorf, Ida 22
Kuttin, Heinz 31

Langthaler, Monika 11
Laster, Izrael 60, 61
Lauda, Niki 5, 23
Lebed, Alexander 56, 57
Leeson, Nick 49
Leiningen-Westerburg, Christian 17
Lenin, Wladimir Iljitsch 19
Lewinsky, Monica 72, 73
Lingens, Peter 58
Lischka, Vera 60
Lockl, Lothar 66
Löffler, Margot 42
Lohner, Helmut 46
Loibl, Peter 73
Loley, Maria 53
Long, Sherry Ann 42
Ludwig, Siegfried 29
Lugner, Christina 5
Lugner, Richard 5, 91
Lugner, Susanne 41
Lütgendorf, Karl 17

Mader, Günter 31
„Madonna" 26
Maier, Hermann 76, 77, 86
Maier, Melanie 40, 41
Maier, Ulli 40
Maradona, Diego 18
Marceau, Sophie 85
Maringer, Fritz 36, 37
Markus, Georg 33
Masser, Brunhilde 42
Matthäus, Lothar 7
Mattlschweiger, Andreas 81
Matzl, Christoph 5
Mauhart, Beppo 32
Mayer, Matthias „Hias" 27
McCrary, Greg 43
McVeigh, Timothy 59
Meischberger, Walter 11
Meissnitzer, Alexandra 86
Meixner, Silvana 38
Mekis, Wolfgang 58
Menem, Carlos 18
Mikes, Gerhard 45
Milošević, Slobodan 88
Minnelli, Liza 87
Mitterrand, François 26
Mock, Alois 6, 26, 46, 47
Moik, Karl 27
Moitzi, Sabine 42
Molterer, Willi 90
Moretti, Tobias 87
Mozart, Wolfgang Amadeus 5, 62
Mubarak, Husni 62
Mühl, Otto 77

Müller, Peter 71
Muster, Thomas 49
Mutter Teresa 65, 83

Nenning, Günther 67
Neuner, Angelika 31
Neuner, Doris 31
Nierlich, Rudi 17
Nikolaus II., Zar von Russland 17

O'Brien, Richard 33
Q'Gray, Scott 48
Öcalan, Abdullah 90
Ofner, Klaus 31
Olaf, König von Norwegen 22
Omofuma, Marcus 86
Qrtlieb, Patrick 30, 31
Ötzi 14

Pacino, Al 39
Pándi, Claus 26
Parker-Bowles, Camilla 33, 86
Patten, Chris 69
Paul, Henri 64
Pavarotti, Luciano 41
Pawlow, Valentin 18
Pearson, Harold 29
Pechlaner, Helmut 24
Petrovic, Madeleine 46
Peymann, Claus 77
Pezzey, Bruno 54
Pfeiffer, Michelle 24
Phettberg, Hermes 54
Philipp, Herzog von Edinburgh 65
Philipp, Johann 8
Piccard, Betrand 82
Pichler, Alois 63
Ploderer, Helmut 81
Pölzl, Hermann 81
Porter, Charles 59
Prammer, Barbara 69
Prawy, Marcel 54
Preißler, Erich 53
Presley, Elvis 45
Presley, Lisa 45
Pretterebner, Hans 17
Prock, Markus 31
Prohaska, Herbert 32, 86
Proksch, Udo 16, 17
Pröll, Erwin 29, 77
Pugo, Boris 18

Rabin, Yitzchak 32, 33, 62
Rainer, Fürst von Monaco 90
Ratzenberger, Roland 44
Rechberger, Alois 7
Reeve, Christopher 50
Rembrandt 28
Resetarits, Angela 53
Resetarits, Lukas 53
Rethel, Simone 28
Richards, Ariana 35
Riegler, Josef 11
Rippl, Gerhard 36
Roccigiani, Graciano 73
Rodriguez, Irene 42
Rohrer, Manfred 81
Rubens, Peter Paul 17
Rudolf, Kronprinz von Österreich 33
Russwurm, Vera 48
Ruttenstorfer, Wolfgang 69, 84
Ruzkoj, Alexander 34, 35

Sanchez, Ilich Ramirez „Carlos" 12
Sanikidze, David 61
Sarközi, Peter 53
Savalas, Telly 44
Schachner, Walter 32
Schett, Babsi 87
Schewardnadse, Eduard 61
Schinkels, Frenkie 48
Schinkinger, Heidemarie 54
Schliesser, Roman 5

Schlögl, Karl 69, 78, 84, 86
Schmidt, Heide 32, 46, 91
Schmidt, Markus 31
Schöggl, Josef 81
Scholten, Rudolf 69
Schönborn, Christoph Kardinal 79
Schröder, Gerhard 80
Schroll, Thomas 31
Schüller, Helmut 39
Schulz, Axel 55
Schumi, Manfred 49
Schupfer, Leonhard 81
Schürz, Ludwig 54
Schüssel, Wolfgang 91
Schwarz, Anton 79
Schwarzenegger, Arnold 76
Schwarzkopf, Norman 15
Schweighofer, Hubert 40, 41
Sedlacek, Robert 37
Sedlmayr, Walter 8
Seinitz, Kurt 10
Senna, Ayrton 44
Sika, Michael 71
Sima, Ulli 66
Simon, Josef 53
Simpson, Nicole 44
Simpson, O. J. 44, 45
Sinatra, Frank 87
Sinowatz, Fred 9, 36
Sirny, Brigitta 76
Sittentaler, Siegfried 14
Slatky-Eroglu, Karin 42
Spencer, Earl 64
Spielberg, Steven 35
Stadlober, Alois 84
Stangassinger, Thomas 41
Starr, Kenneth 72
Steger, Norbert 37
Stepanitz, Max-Emil von 87
Stich, Michael 17
Stoisits, Terezija 39
„Stones" 54
Straub, Peter 21
Strauß, Franz Josef 12
Streicher, Rudolf 30
Streinesberger, Erwin 54
Streisand, Barbara 36
Sulzenbacher, Klaus 31
Swoboda, Marga 74
Szameit, Dieter 53

Tappert, Horst 78
Taus, Josef 9
Thaler, Gregor 52
Thatcher, Margaret 22
Thurner, Josef 23
Tihomir A. 61
Tobisch, Lotte 14
Tomba, Alberto 31
Trenker, Luis 11
Tritscher, Michael 31
Tyhssen-Bornemisza, Francesca 35
Tyson, Mike 29, 67

Uderzo, Albert 67
Unterweger, Jack 5, 42, 43

Versace, Gianni 69
Vetsera, Mary 33
Vettori, Ernst 31
Viehböck, Carina Marie 20
Viehböck, Franz 21
Viehböck, Vesna 20
Villeneuve, Jacques 59
Vito, Denny de 24
Vogel, Nick 20, 21
Vranitzky, Franz 5, 11, 30, 43, 46,
    47, 68
Vyslozil, Wilfried 89

Wachter, Anita 31
Wächter, Eberhard 24
Waibel, Wolfram 60

Wailand, Georg 62
Waldheim, Kurt 5, 10, 22, 30
Wallinger, Veronika 31
Washington, Desiree 29
Weaver, Sigourney 31
Weidinger, Hermann-Josef 51
Weigerstorfer, Ulla 55
Weizäcker, Richard von 6, 7
Welch, Tom 22
Wendlinger, Karl 44
Werner, Johannes 73
West, Frederick 40
West, Heather 40
West, Rose 40
Wetering, Ernst van de 28
„Wiener Philharmoniker" 69
Windisch, Werner 63
Winiewicz, Linda 12
Winkler, Harald 31
Winslet, Kate 72
Wittmann, Peter 69
Wlaschek, Karl 62
Woolfson, Eric 12
Wussow, Klausjürgen 22

Zagler, Silvia 42
Zapotoczky, Klaus 48
Zechner, Harald 81
Zeiser, Manfred 81
Zernato, Christof 22
Zidane, Zinedine 72
Zilk, Helmut 5, 38, 39, 46, 48, 70
Zytek, Michael 13

BILDNACHWEIS

Adidas Women Sport 1, AFP 8, AP 40, APA-picturedesk.com 23, Audi 1, Gerhard Bartel 4, Kristian Bissuti 1, Bundesheer 1, BMI 3, Camerapress 3, City Press Berlin 1, Contrast 3, Franz Crepaz 2, Disney Pictures 1, EPA 17, EUROSPORT 3, GEPA 1, Getty Images 1, Gerhard Gradwohl 3, Klemens Groh 12, Clarissa Gruber 1, Gerhard Fally 1, Hipp Foto 1, Guang Ho 1, Eveline Hronek 1, Günther Jölli 1, Reinhard Judt 1, Michael Leischner 1, Steve McCurry 1, Hopi Media 1, Christian Jauschowetz 2, Martin A. Jöchl 8, Ernst Kainerstorfer 5, Chris Koller 9, „Krone"-Archiv 40, Peter Lehner 1, Joachim Maislinger 2, Hubert Mican 1, Gino Molin 3, ORF 5, Orion Pictures 1, Sepp Pail 3, PPS-Photopress 5, Polygram 1, Jürgen Radspieler 5, Reuters 26, Andreas Schaad 1, Ali Schafler 1, Fritz Schaler 1, Andi Schiel 34, Joschi Schröpfer 1, Fritz Schuster 2, Sven Simon 1, Wolfgang Sos 1, Anton Tschermernjak 1, Peter Tomschi 10, Alexander Tuma 1, Ullstein Bild 1, Universal Pictures 2, Velden Tourismus GmbH 1, Viennareport 18, Vis 1, Votava 4, Warner Brothers 2, Heribert Weber 4, Ernst Weingartner 1, Wien-Panorama 1, ZDF 2

COVER:

AP 7, APA-picturedesk.com 4, 20th Century Fox 1, EPA 1, Public Address 1, Viennareport 1, Votava 1

RÜCKSEITE:

AP 2, APA-picturedesk.com 1, Christian Jauschowetz 1, Steve McCurry 1, Joachim Maislinger 1, Sepp Pail 1, Reuters 1, Heribert Weber 1, Carl Yarbrough 1

Für die Mitarbeit danken wir unseren Kollegen, den Kolumnisten, Redakteuren, Reportern und Fotografen der „Krone". Insbesondere dem kreativen Layouter-Triumvirat Hermann Müller, Herbert Kocab und Christian Wawra.

Dank auch an das Ueberreuter-Team, stellvertretend an Marina Hofinger, die dem Druckfehlerteufel einen heroischen Kampf geliefert hat.

Christoph Matzl & Christoph Budin